innenwelt verlag

Titel der englischen Ausgabe:
Wenn Trust Fails and How To Recover It

7. Auflage 2018

Übersetzung: Pratito I. Kiefer, Sitara Mittag
Umschlaggestaltung: Silke Watermeier, www.watermeier.net
Titelfoto: Fotolia 91945675 © Aleks
Copyright© 2004, Innenwelt Verlag GmbH, Köln
Alle Rechte vorbehalten. Nachdruck und fotomechanische Wiedergabe,
auch auszugsweise, nur mit Genehmigung des Verlages
www.innenwelt-verlag.de

Druck: CPI books, Leck
Printed in Germany
ISBN 978-3-936360-10-3

Krishnananda & Amana Trobe

Vertrauen ist gut
Selbstvertrauen ist besser

Wege aus der Enttäuschungsfalle

INHALT

Vorwort 8

Teil 1 13
Wir wissen nicht, was Vertrauen ist

1. Vertrauen testen:
   Frustration, Enttäuschung und Verrat integrieren lernen 14
2. Die zwei Arten von Vertrauen:
   Scheinvertrauen und echtes Vertrauen 23
3. Den Schleier der Illusion beiseite legen:
   Kindische Unschuld gegen Menschlichkeit und Tiefe eintauschen 31
4. Wenn das enttäuschte Kind die Zügel ergreift:
   Beobachten lernen wie wir ausagieren 46

Teil 2 61
Aus dem Scheinvertrauen ausbrechen

5. „Die Kiste" – das Gefängnis unserer Konditionierung 62
6. Das Kamel, der Löwe und das Kind:
   Die Entwicklungsstadien nach Friedrich Nietzsche 75
7. Die Kraft der Abnabelung:
   Wurzeln durchtrennen, um wieder zu ihnen zurückzukehren 81

Teil 3 95
Lebenslektionen, in die uns dazu herausfordern, Vertrauen zu lernen

8. In unsere Kraft kommen:
   Unsere Integrität zurückgewinnen 96

9. Das Leben geschehen lassen:
   Frustration und Enttäuschung aushalten   115
10. Wann Grenzen setzen und wann Frustration aushalten   131
11. Verantwortung übernehmen:
    Vom bloßem Pflichtgefühl zu Aufrichtigkeit und Integrität   138
12. Lektionen über die Liebe:
    Was zwischen Liebenden Vertrauen schafft   152

Teil 4   173
Vertrauen und Intelligenz

13. Innere und äußere Lehrer:
    Die Reise von der Mystifikation zur Intelligenz   174
14. In der Vertikalen leben:
    Unserer Intelligenz vertrauen und Leidenschaft ins Leben bringen   186
15. Intergration:
    Menschlich werden – ein allmählicher Prozess   198

Nachwort   208
Bibliografie   212

Vorwort

IM LEBEN SCHEINT ES KEIN WICHTIGERES THEMA ZU GEBEN ALS VERTRAUEN. SEIT jeher haben wir Lektionen in Vertrauen gelernt und lernen immer weiter, und jedes Mal wenn wir eine schwierige Zeit in unserem Leben durchmachen, wird unser Vertrauen neu geprüft. Wir, die Autoren, fühlten uns aufgerufen, ein Buch über Vertrauen zu schreiben, weil wir in den vielen Jahren, in denen wir an uns selbst und in unseren Seminaren mit anderen Menschen gearbeitet haben, zu dem Schluss gekommen sind, dass Vertrauen das bedeutendste Thema von allen ist – und es geht jeden von uns an.

Dies ist das erste Buch, das wir gemeinsam geschrieben haben. Ich (Krishnannada) habe bereits zwei Bücher publiziert, doch nachdem wir als Paar nun sieben Jahre lang zusammen gearbeitet und zehn Jahre zusammen gelebt haben, scheint das, was wir heute lehren, tatsächlich aus unserem Zusammensein heraus entstanden zu sein. Dieses Buch ist also eine Gemeinschaftsarbeit. Wenn ein Kapitel fertig war, saßen wir zusammen, spürten in uns hinein und schrieben es so lange um, bis wir das Gefühl hatten, dass es stimmte und genau das aussagte, was wir sagen wollten.

In diesem Prozess, der mehr als zwei Jahre dauerte, mussten wir uns auch mit verschiedenen Streitpunkten auseinandersetzen, die zwischen uns aufkamen und die sehr viel mit den Themen zu tun hatten, über die wir gerade schrieben – sie haben uns zusätzliche persönliche Beispiele für unser Buch geliefert. Das Ganze war ein wertvoller Prozess, der uns näher zusammengeführt hat. Wir vertrauen einander jetzt noch mehr. Die Qualität unseres Vertrauens lässt sich daran messen, wie sich unser Leben gestaltet – an der Liebe, die wir für uns selber empfinden, an der Tiefe der Intimität zu den Menschen, die uns nahe stehen, und an der Freude, die wir am Leben haben. Ein gereiftes Vertrauen zu entwickeln ist wie der Goldschatz am Ende des Regenbogens der inneren Arbeit. Wir können in der Therapie endlos unsere Kindheitswunden aufdecken, doch wozu soll das gut sein, wenn es uns nicht zu mehr echtem Vertrauen führt? Etwas Grundlegendes wird fehlen. Wir benötigen ein wenig Hilfe, um die Erfahrungen in unserem Leben, die uns herausfordern die schwierigen Bälle, die uns das Leben zuspielt – dazu zu nutzen, unsere Herzen zu öffnen, statt sie zu verschließen.

Wenn wir verletzt werden, neigen wir oft dazu, uns vor den Menschen, die uns verletzen, zu verschließen, und damit verschließen wir uns auch vor uns selbst und vor unserer Verbindung zum Universum. Sich so abzuschotten ist sehr schmerzhaft, auch wenn wir den Schmerz vielleicht nicht fühlen, und es ist zudem auch die grundlegende Ursache für viele Krankheiten, körperliche wie seelische. Wenn wir uns verschließen, ziehen wir uns in ein tiefes Misstrauen zurück und betrachten das Leben und die Menschen von diesem Zufluchtsort des Misstrauens aus, so als wären wir ein verwundetes Tier in einer Höhle, das argwöhnisch in die Welt hinausschaut. Von hier aus ist es unmöglich, die Menschen in unserem Leben wirklich klar zu sehen, und deswegen reagieren wir oft übertrieben oder stoßen jemanden zurück, um nicht erneut verletzt zu werden.

Wenn wir – wie dieses verwundete Tier – in unserer Höhle des Misstrauens sitzen, neigen wir dazu, immer dieselben negativen Gedanken und Glaubenssätze zu wiederholen. Wir gewöhnen uns vielleicht daran, verbittert und isoliert zu leben. Dann stecken wir in einem schmerzhaften Teufelskreis: Wir hoffen, dass man uns so behandelt, dass wir uns sicher fühlen und aus unserer Höhle herauskommen können, doch wenn unsere Erwartungen enttäuscht werden (was ausnahmslos der Fall ist), ziehen wir uns wieder zurück – zutiefst davon überzeugt, dass unser Misstrauen berechtigt ist. Dann brüten wir in der Einsamkeit vor uns hin und finden alle möglichen Gründe, um nicht am Leben anderer Menschen teilzunehmen. Wenn wir uns dann nach einer Weile in unserer Höhle einsam und unerfüllt fühlen, strecken wir wieder unsere Fühler aus, in der Hoffnung, dass die Existenz und unsere Mitmenschen uns diesmal Sicherheit geben.

Um unser Vertrauen zu erneuern, verlassen wir uns also nicht nur auf Hilfe von außen, sondern gewöhnen uns auch an den Gedanken, dass das, was uns im Leben nährt, von äußeren Geschehnissen abhängt, und dass das, was uns in Beziehungen Erfüllung schenkt, davon abhängig ist, wie andere Menschen mit uns umgehen. Eine solche Einstellung zu uns und zum Leben erzeugt Bitterkeit und Wut und hilft uns nicht, dazuzulernen und ins Vertrauen hineinzuwachsen. Wir brauchen ein Erklärungsmuster, das uns hilft, den Wert von Enttäuschung und Verlassenheit zu erkennen, damit diese Erfahrungen uns stärken können, statt uns zu schwächen und unser Vertrauen in die Menschen und ins Leben zu untergraben.

Wenn wir erkennen, dass schwierige Zeiten eine spirituelle und emotionale Bedeutung haben, lässt sich der Schmerz aushalten. Unsere Enttäuschungen und unsere Verlassenheit fordern uns heraus, wahres Vertrauen zu entdecken. Dieser Prozess ist eine Entdeckungsreise.

Ohne dieses Erklärungsmuster können uns unsere Verletzungen so sehr ängstigen, dass sie unerträglich werden. Vielleicht gehen wir davon aus, dass Vertrauen ein Ding der Unmöglichkeit ist; oder wir öffnen uns ein paar Mal vertrauensvoll, und dann geschieht etwas, das uns wieder verschließt. Vielleicht gibt es Zeiten, in denen wir uns glücklich fühlen und einem anderen Menschen oder dem Leben im Allgemeinen vertrauen, und dann wieder Zeiten, wo wir uns abgetrennt und isoliert fühlen.

Die Qualität echten Vertrauens ist nicht, wie wir vielleicht glauben, von anderen Menschen oder etwas Äußerem abhängig. Es ist vielmehr eine tiefe innere Erfahrung der Verbundenheit mit unserem Sein und mit der Existenz. Das Maß unseres echten, nicht von äußeren Geschehnissen abhängigen Vertrauens ist ein direkter Spiegel unseres Bewusstseins. Echtes Vertrauen ist eine Qualität, die wir entwickeln können. Wenn es darum geht, unser Herz dem Leben, den anderen Menschen und letztlich uns selbst zu öffnen, sind wir nicht so hilflos, wie es uns scheinen mag. Denn im Grunde geht es nicht um die anderen, denen wir uns wieder öffnen möchten, sondern um uns selbst. Wir haben unser Vertrauen hauptsächlich deshalb verloren, weil wir auf unserem Lebensweg nie das elementare Handwerkszeug erworben haben, um uns selber zu vertrauen – unserer Intuition, unseren Gedanken und Gefühlen, aber auch unserer Fähigkeit, das, was wir voneinander und vom Leben brauchen und wollen, zu unterscheiden von dem, was sich nicht richtig anfühlt.

In den nachfolgenden Kapiteln sprechen wir über spezifische Aspekte, wie man echtes Vertrauen entwickelt. Die meisten von uns leben zur Zeit nicht „vertrauensvoll". Wenn wir glauben, ein Gefühl von Vertrauen zu verspüren, so ist das im Grunde ein „Scheinvertrauen", kein wirkliches Vertrauen.

Scheinvertrauen baut auf Erwartungen und Glaubenssätzen auf, wie das Leben, die Existenz (oder Gott) und die anderen Leute sein beziehungsweise mit uns umgehen sollten. Wenn diese Erwartungen nicht erfüllt werden, werden wir natürlich argwöhnisch und in uns staut sich Wut, Groll oder Resignation auf. Und weil ja das Leben und die Mitmenschen es so schlecht mit uns meinen, können wir uns leicht als Opfer fühlen.

Es gibt einen Teil in uns, der in Scheinvertrauen lebt, vielleicht sogar für immer. Dieser innere Raum ist jung, verletzt und naiv und braucht unser Verständnis und unsere Liebe. Wenn wir verletzt werden, hält dieser Teil von uns mit erstaunlicher Hartnäckigkeit an Ressentiments fest. Doch er macht noch längst nicht alles von uns aus. Es gibt einen weiteren Aspekt unseres Bewusstseins, der tiefer reicht und weiser ist. Dieser Teil kann uns helfen, uns sachte von unseren Erwartungen, unseren Vorwürfen und unserer Negativität abzuwenden und zu einer tieferen Verantwortlichkeit zu finden. Er kann uns lehren, Enttäuschungen und Frustrationen als Gelegenheiten willkommen zu heißen, um Tiefe zu gewinnen, zu wachsen und zu reifen. Er kann uns zur Einsicht leiten, dass das Leben in Wirklichkeit liebevoll ist und es gut mit uns meint. Dann werden wir die wahre Schönheit im Leben und in den Menschen sehen, die uns nahe stehen – in unseren Geliebten, in unseren Freunden, unseren Kindern und unseren Eltern.

TEIL I

WIR WISSEN NICHT, WAS VERTRAUEN IST

1. Kapitel

Vertrauen testen: Frustration, Enttäuschung und Verrat integrieren lernen

WIR HABEN ALLE EINE WUNDE – DIE WUNDE DES VERRATS, UND UNSER HERZ HÄLT an dieser Erfahrung von Verrat fest. Oft sind wir uns dessen nicht bewusst und merken überhaupt nicht, wie unser Leben noch heute von dieser Erfahrung beeinflusst wird.

Erst wenn das Leben uns wieder mit Erfahrungen konfrontiert, die frustrierend und beunruhigend sind – manchmal sogar äußerst schmerzhaft und destruktiv –, bricht diese ursprüngliche Wunde des Verrats wieder auf. Enttäuschungen werden oft dadurch verursacht, dass unsere Erwartungen nicht erfüllt werden. Sie können sich in dem Gefühl äußern, von einem geliebten Menschen, dem wir vertraut haben, verraten oder hintergangen worden zu sein, oder in dem Gefühl, dass jemand uns gegenüber seine Macht missbraucht hat.

> Eine Bekannte von uns lebte seit zwölf Jahren mit einem Mann zusammen, der, wie sie meinte, die Liebe ihres Lebens war. Er war ein leidenschaftlicher Segler und hatte sieh vorgenommen, drei Jahre lang um die Welt zu segeln. Da sie nicht so lange von ihm getrennt sein wollte, gab sie ihr vertrautes Leben auf und begleitete ihren Mann, obwohl ihr Segeln keinen großen Spaß machte. Schon bald konnte sie das beengte Leben auf dem kleinen Schiff nicht mehr ertragen. Die beiden lebten sich auseinander und trennten sich schließlich. Höchstwahrscheinlich gab es noch andere Faktoren, die zu der Trennung beitrugen, doch ihrer Überzeugung nach scheiterte die Beziehung daran, dass ihr Mann sie zu dieser Reise überredet hatte und sie sich hatte überreden lassen. Jetzt würde sie gerne eine neue Beziehung

eingehen, hegt aber immer noch Groll gegen ihren Mann, weil er seine Bedürfnisse über die Beziehung gestellt hat. Gleichzeitig ist sie wütend auf sich selbst, weil sie ihre eigenen Bedürfnisse übergangen hat. Sie versteht noch nicht, dass die Trennung mehr war, als nur eine schlechte Erfahrung.

Ein anderer Bekannter war gerade frisch verliebt und glaubte nach vielen Jahren des Alleinseins endlich die Frau seines Lebens gefunden zu haben. Als er sie näher kennen lernte, stellte sich jedoch heraus, dass sie Alkoholikerin war, was sie vor ihm verborgen hatte. Es war ihm auch entgangen, wie verantwortungslos sie mit dem Leben und mit anderen Menschen umging. Im Laufe der Zeit wurde ihre Trunksucht auffälliger. Doch vorher konnte sie ihn noch dazu überreden, die Renovierung ihrer Wohnung zu bezahlen. Er fühlte sich zutiefst verraten. Vor lauter Hoffnung, endlich die ersehnte Nähe gefunden zu haben, jemanden, der ihn von seiner Einsamkeit erlöste, erkannte er nicht, worauf er sich eingelassen hatte. Es war ein raues und sehr plötzliches Erwachen für ihn, als ihm klar wurde, dass sie nicht der Mensch war, für den er sie gehalten hatte.

Ich (Krish) erinnere mich an einen Vorfall vor einigen Jahren. Ich fühlte mich während einer therapeutischen Ausbildung von einer Therapeutin verraten. Sie hatte mich aufgefordert, vor der ganzen Gruppe mit einer anderen Teilnehmerin zu arbeiten. Anhand meiner Arbeit erläuterte die Therapeutin, wie man nicht therapieren sollte. Sie erklärte, ich hätte keine „Resonanz", wäre also unfähig, mich auf die andere Person einzustimmen, und mir mangele es an Feingefühl. Vielleicht hielt sie das tatsächlich für eine gute Lehrmethode, doch ich fühlte mich lächerlich gemacht, vor der Gruppe gedemütigt und war lange verletzt. Von da an ging ich ähnlichen Situationen aus dem Wege. Ich war wütend auf diese Therapeutin, weil ich mich von ihr missbraucht fühlte, und auch auf mich selbst, weil ich mich nicht dagegen gewehrt hatte.

Häufige Reaktionen auf Verrat
Unsere häufigste Reaktion auf solche Erfahrungen besteht darin, zu leugnen, dass wir verletzt sind. Wir tun einfach so, als hätte es uns nichts ausgemacht. Das war in unserer Kindheit ein sicherer Weg, um mit Enttäuschung und Verrat fertig zu werden, und häufig haben wir diesen Mechanismus beibehalten. Doch Leugnen bringt den Schmerz weder zum Verschwinden noch schafft es Raum, ihn zu verarbeiten und darüber hinauszuwachsen. Wenn wir etwas verleugnen, werden wir reizbar, launisch und verärgert und ziehen uns von der Person zurück, die uns verletzt hat. Solche Reaktionen sind ein Hinweis darauf, dass im Innern etwas aus dem Lot geraten ist, das wir uns anschauen müssen.

Die zweithäufigste Reaktion auf Frustration, Enttäuschung und Verrat ist Resignation. Wir fühlen uns im Stich gelassen und sagen uns: „Was hat es für einen Sinn, offen zu sein, zu vertrauen oder gar meinen Schmerz zu zeigen? Den anderen ist es ja doch egal. Sie verstehen mich sowieso nicht." Vielleicht nehmen wir auch Zuflucht zu spirituellen Vorstellungen, um unseren Schmerz und unsere Enttäuschung zu betäuben. Wir sagen uns zum Beispiel: „Meine Entwicklung sollte doch weit genug fortgeschritten sein, um mit so etwas fertig zu werden." „Wut und Schmerz zeugen von Unreife." „Das ist sicher alles nur zu meinem Besten geschehen." Doch Resignation und Flucht in solche Vorstellungen helfen ebenso wenig wie Verleugnung. Im Gegenteil, sie sind Gift, weil sie unsere Lebenskraft und unsere Freude lähmen.

Die dritte Möglichkeit, mit der Erfahrung von Verrat umzugehen, besteht darin, einer Person oder Situation die Schuld zu geben und mit Verbitterung und Groll zu reagieren. Viele von uns kennen dieses jahrelange Gefühl von Unmut nur zu gut. Daraus resultiert oft eine zynische Einstellung dem Leben und anderen Menschen gegenüber. Dieser Groll, den wir mit uns herumtragen, ist ungesund, und um unserem Ärger indirekt Luft zu machen, beginnen wir andere abzuwerten und kritisieren an ihnen herum. Diese Reaktionen sind nur natürlich, doch wenn wir es dabei belassen, können wir über die Erfahrung von Bitterkeit nicht hinauswachsen. Wir verharren in der Opferrolle, unser Misstrauen wächst und schwelt im Innern vor sich hin. Wahrscheinlich werden wir immer wieder in die gleichen Situationen geraten.

Jeder trägt eine Wunde des Verrats in sich, unser Gefühl sagt:

„Ich fühle mich nicht unterstützt."
„Ich fühle mich ungeliebt."
„Ich fühle mich übergangen."
„Ich fühle mich schlecht behandelt, missbraucht oder getäuscht."
„Ich fühle mich nicht verstanden."
„Ich fühle mich ausgeschlossen."

> Die Wunde des Verrats hat ihren Ursprung in unserer Kindheit, doch oft merken wir nicht, wie sie noch heute unser Leben bestimmt. Durch jede Form der Enttäuschung, Frustration oder des Verrat, wird diese Wunde des Verrats aktiviert.

Erfahrungen von Verrat schubsen uns die Leiter des Bewusstseins hinauf

Durch permanente Frustration oder tiefe Enttäuschungen und Verrat werden mächtige Gefühle in uns ausgelöst. Diese Energie ist wunderbar, und es ist lebenswichtig für uns, sie niemals zu unterdrücken oder zu dämpfen. Wenn wir uns gestatten, die Intensität unserer Gefühle zu spüren, haben wir bereits einen wichtigen Schritt getan. Doch wir dürfen hier nicht Halt machen.

Wir müssen diese Gefühle integrieren und mithilfe der richtigen Mittel verarbeiten, sonst blockieren sie unser inneres Wachstum.

> Kürzlich hatten wir in Byron Bay, Australien, eine Sitzung mit einem Klienten. Er war völlig verstört, weil seine Frau ihn vor einigen Monaten verlassen und die beiden Kinder mitgenommen hatte. Er erzählte uns, dass sie sich in den dreizehn Jahren ihrer Ehe ständig über jede Einzelheit gestritten hätten. Voller Reue erinnerte er sich jetzt daran, wie sehr ihn Kleinigkeiten geärgert hatten, wie er immer hatte Recht haben wollen, ständig ihre Ansichten infrage gestellt hatte und wie lieblos und respektlos er sie behandelt hatte. Er erkannte, dass er die gleiche Ungeduld und Tyrannei auch seinen Untergebenen gegenüber an den Tag legte. Er reagierte extrem hart, wenn sie bei der Arbeit Fehler machten, und forderte ihnen so hohe Leistungen ab, dass sie meistens vor ihm Angst hatten. Er berichtete auch, dass er von seinem sechsten Lebensjahr an fast jeden Mittag nach der Schule bei seinem Vater hatte arbeiten müssen. Solange er sich erinnern konnte, hatte der Vater hart um den Lebensunterhalt gekämpft und schließlich doch Bankrott gemacht. Er hatte seinen Sohn unter Druck gesetzt, hart zu arbeiten und tüchtig zu sein, obwohl er sich selbst als Versager empfand. Während der Sitzung wurde unserem Klienten klar, dass sich in dem Druck, den er auf andere ausübte, nur der Druck widerspiegelte, den er auf sich selbst ausübte. Damit überdeckte er die Angst, genauso zu versagen wie sein Vater. Als seine Frau ihn verlassen hatte, war er bereit, so gründlich wie nie zuvor in sich hineinzuschauen. Er ging regelmäßig zur Therapie. Die Beziehung zu seiner Mutter und seiner Schwester verbesserte sich; sie wurde wärmer und tiefer als früher. Er lernte, einfühlsamer mit den Angestellten umzugehen, und zum ersten Mal in seinem Leben konnte er weinen.

> Als ich (Amana) zweiundzwanzig Jahre alt war, durchlebte ich eine äußerst schmerzhafte Erfahrung. Bis dahin war ich immer in allem erfolgreich gewesen und nichts war mir misslungen. Mit zweiundzwanzig beschloss ich Journalistin zu werden. Ich war viel gereist und es schien mir an der Zeit,

eine Ausbildung anzufangen. Dieser Beruf reizte mich. Heute weiß ich, dass diese Entscheidung von meinem Kopf getroffen wurde und nicht im Einklang mit meiner Gesamtsituation stand. Ich machte die Aufnahmeprüfung und fiel durch. Es war ein solcher Schlag für mein Ego, dass ich völlig unter Schock stand. Ich war daran gewöhnt, in meiner Klasse die Erste zu sein, deshalb konnte ich mir damals nicht vorstellen, dass jemand mich zurückweisen könne, weil ich nicht gut genug war. Diese Zurückweisung öffnete jedoch eine tiefere Schicht in meinem Innern. Plötzlich fand ich mich in einem schwarzen Loch wieder. Gefühle der Wertlosigkeit und der Scham stiegen auf; ich war ein Versager. Zum ersten Mal hatte ich meine Grenzen erfahren. Das war etwas sehr Gesundes, wofür ich heute dankbar bin. Wer weiß, was aus mir geworden wäre, wenn mich die Schule angenommen hätte. Diese Ablehnung hat mich zum ersten Mal menschlich gemacht und meine Gefühlswelt geöffnet. Ich erinnere mich, dass ich damals stundenlang auf meinem Bett lag und weinte.

Es war das erste Mal seit meiner Kindheit, dass ich geweint habe. Ich war so verschlossen gewesen, dass nichts zu mir durchdringen konnte und ich war daran gewöhnt, zu bekommen, was ich wollte. Ich schluchzte; mir war, als müsste ich sterben. Vor lauter Beschämung konnte ich der Welt nicht mehr ins Auge sehen. Mein Herz schmerzte, als würde es zerspringen. Damals verstand ich nicht, was das alles zu bedeuten hatte, aber rückblickend weiß ich, dass ich den Kern meines Unwertgefühls berührt hatte. Ich blieb bei dem Schmerz und allmählich ließ er nach. Kurz darauf begegnete ich meinem spirituellen Meister und begann zu meditieren. Ohne dass ich bewusst danach gesucht hatte, hatte etwas Neues begonnen. Anscheinend waren dieses Versagen und mein tiefes Eintauchen in den Schmerz eine Art Einweihung in meine innere Welt gewesen.

> Verunsicherung, Enttäuschungen und Verrat liefern die Reibungsenergie für inneres Wachstum. Sie schubsen uns die Bewusstseinsleiter hinauf.

Mit solchen Erfahrungen weckt uns das Leben auf, es lässt uns wissen, dass im Innern Arbeit auf uns wartet. Es gibt uns Tiefe und macht uns menschlich. Wenn wir erkennen, dass Frustration, Verunsicherung oder Schmerz einen tieferen Sinn haben, sind wir motiviert, mit diesen Erfahrungen zu arbeiten.

> Kurz nach meinem Examen wurde ich (Krish) von der Frau verlassen, mit der ich während meiner College-Zeit drei Jahre zusammen gewesen war. Daraufhin stürzte ich in so tiefe Angst, Einsamkeit und Verwirrung, dass ich einige Monate lang zu nichts mehr fähig war. Tatsächlich brauchte ich drei Jahre, um den Schmerz der Trennung zu überwinden. Mir waren diese heftigen Reaktionen unerklärlich, denn wir waren bereits ein Jahr vor der Trennung auseinander gezogen und wussten beide, dass es mit der Beziehung nicht mehr stimmte. Warum empfand ich dann solchen Schmerz? Und das mehr oder weniger drei Jahre lang! Manchmal dachte ich, der Schmerz würde nie aufhören, und oft war er schier unerträglich. Damals wusste ich noch nichts von der Wunde der Verlassenheit. Nachdem ich mich von der Depression und der Panik erholt hatte, grübelte ich noch endlos darüber nach, was ich falsch gemacht hatte oder wie ich meine Freundin zurückgewinnen könnte. Ich ging allen Leuten in meiner Umgebung auf die Nerven mit meinem endlosen Selbstmitleid.
>
> Dennoch, während dieser Zeit hat sich etwas in mir verändert. Ich bekam mehr Tiefe. Ich hatte ein Kraftreservoir in mir entdeckt, durch das ich auf unerklärliche Weise wusste, dass ich mit allem umgehen konnte. Es war, als wäre ich so tief gefallen, wie man nur fallen kann, und hätte einen Raum gefunden, wo ich ausruhen konnte und mich gehalten fühlte. Jetzt begann ich, die Welt mit anderen Augen zu sehen mitfühlender, weniger naiv. Ich erwachte aus einem Traum, in dem ich mein Leben wie nach einem vorgegebenen Drehbuch roboterhaft gelebt hatte, in dem alles auf Leistung ausgerichtet war und unbequeme Gefühle unterdrückt wurden. Von diesem Zeitpunkt an konnte ich ähnliche Erfahrungen von Verlust viel leichter verkraften.

Wenn wir einmal unsere erste Erfahrung von Verlassenheit überlebt haben, scheinen die folgenden leichter zu verkraften zu sein – vielleicht am Anfang genauso schmerzhaft, doch insgesamt weniger überwältigend, und man erholt sich schneller.

Erfahrungen von Verrat können uns tief erschüttern. Sie können unsere Bemühungen, das Leben im Griff zu haben, erschüttern. Sie können unsere Vorstellungen, worum es im Leben geht, und den kleinen Horizont unseres Egos, das alles verstehen will, erschüttern. Sie zwingen uns zur Konfrontation mit unseren tiefsten Zweifeln und unserem Misstrauen dem Leben gegenüber, mit der Angst, dass die Existenz nicht für uns sorgt und sich unserer nicht annimmt. Ein Teil in uns lebt in ständiger Furcht, oft ohne ersichtlichen Grund.

Dieser Teil fürchtet, alles könne schief gehen, wir könnten ohne materielle Sicherheit dastehen, ohne Leben und ohne Liebe. Diesen panisch ängstlichen Teil in uns können wir verleugnen und einen Großteil unserer Energie darauf verwenden, alles unter Kontrolle zu halten, nur um die starke Angst nicht spüren zu müssen. Erfahrungen von Verrat legen unsere Ängste bloß und zeigen, wie wenig Vertrauen wir haben. Das Leben bedient sich ihrer, um uns echtes Vertrauen zu lehren – ein Vertrauen, das nicht durch widrige Lebensumstände zerstört werden kann.

Auch wenn es scheint als schliefen wir,
im Innern gibt es eine Wachsamkeit,
die dem Traum die Richtung weist,
und uns schließlich aufschrecken lässt,
zurück zur Wahrheit dessen, was wir sind.

Rumi

2. Kapitel

Die zwei Arten von Vertrauen: Scheinvertrauen und echtes Vertrauen

Eine Teilnehmerin erzählte in einem unserer Workshops, dass sie in ihrer Beziehung sehr verunsichert sei. Sie glaubte, ihr Mann fühle sich zu andern Frauen hingezogen, und war nie sicher, ob sie ihm vertrauen könne. Ihre wiederholten Fragen, ob er Affären mit anderen Frauen habe, verneinte er jedes Mal. Doch ihre Unsicherheit blieb, denn sie konnte ihm irgendwie nicht glauben. Vom Workshop zurück, stellte sie fest, dass er mit einer anderen Frau zusammen war und dass diese Beziehung schon längere Zeit bestanden hatte. Außerdem erklärte er ihr, dass er sich von ihr trennen wollte. Sie fühlt sich von Grund auf betrogen und hatte das Gefühl, nie wieder irgendeinem Mann vertrauen zu können. Wir bestärkten sie darin, die Wut und den Schmerz zu fühlen, die diese Situation ausgelöst hatte.

Wir erklärten ihr, dass das, was sie für Vertrauen gehalten hatte, gar kein Vertrauen war, sondern nur ein Fantasieprodukt ihrer Hoffnungen. So schmerzhaft diese Erfahrung auch war, in gewisser Weise war sie ein Geschenk, denn sie hat ihre Fantasien zerstört und ihr geholfen, sich selbst zu vertrauen. Sie hatte die ganze Zeit gespürt, dass ihr Mann nicht wirklich für sie da war. Doch anstatt ihren eigenen Gefühlen zu vertrauen, hat sie lieber seinen beruhigenden Worten geglaubt.

Was sie „Vertrauen" nannte, bezeichnen wir als „Scheinvertrauen". Durch diese Erfahrung gelang es ihr, aus dem scheinbaren Vertrauen auszubrechen und ein echtes Vertrauen zu entdecken, das in den eigenen Gefühlen verwurzelt ist. Sie fand den Mut, die Dinge so zu sehen, wie sie sind, und nicht so, wie sie sie gerne hätte. Aus unseren Fantasien aufzuwachen, kann manchmal sehr schmerzhaft sein.

Scheinvertrauen und allumfassendes Misstrauen

Scheinvertrauen hängt ab davon, wie andere Menschen und die Welt im Allgemeinen uns behandelt. Wir „vertrauen" jemandem, wenn er oder sie uns so behandelt, wie wir behandelt werden möchten, oder wie man unserer Meinung nach mit einem Menschen umgehen sollte. Wir „vertrauen" jemandem, wenn er oder sie unseren Erwartungen entsprechend lebt. Wenn jemand dagegen unsere persönlichen Grenzen überschreitet oder uns verletzt, „vertrauen" wir ihm nicht mehr.

In Wirklichkeit ist das kein echtes Vertrauen, weil es von äußeren Umständen abhängig ist. Doch genau das verstehen wir normalerweise unter „Vertrauen". Wenn wir sagen „Ich vertraue dir" oder „Ich vertraue diesem Menschen", dann meinen wir: Die Art, wie er oder sie mich behandelt, weckt in mir Vertrauen. Meistens haben wir die Person aber nicht wirklich wahrgenommen und haben ein unrealistisches Bild von ihr. Folglich wird sie früher oder später etwas tun, das unser „Vertrauen" zerstört. Und wenn sich die Erfahrungen von Betrug und Grenzüberschreitung häufen, können wir niemandem mehr vertrauen, selbst wenn wir äußerlich eine Maske von „Vertrauen" und „Offenheit" zur Schau tragen. Hinter dieser Maske leben die meisten von uns in einem Zustand von Scheinvertrauen oder allumfassendem Misstrauen.

Normalerweise ist unsere Vorstellung von Misstrauen genauso unbewusst wie die von Vertrauen. Unser Misstrauen ist oft lediglich eine emotionale Reaktion und keine gereifte Antwort auf eine Situation. Wenn jemand etwas tut oder sagt, das ein Gefühl des Misstrauens in uns hervorruft, wird dadurch ein innerer Raum berührt, der schon vorher tief verwundet und misstrauisch war. Ein Misstrauenskonto wird geöffnet, auf das schon seit langer Zeit Zahlungen eingegangen sind. Diese Form von Misstrauen nennen wir „allumfassendes Misstrauen", weil es undifferenziert, unklar und unobjektiv ist. Dieses allumfassende

Misstrauen ist geprägt von unseren alten Erfahrungen von Verrat und Vereinnahmung, die unsere Wahrnehmung trüben und unsere heutigen Erfahrungen färben. Wenn es ausgelöst wird, werden unbewusste Erinnerungen wach, wie wir in der Vergangenheit, besonders in der Kindheit, betrogen und vereinnahmt wurden.

Das durch Kindheitstraumen verursachte Misstrauen ist eingefroren. Es wartet im Keller unseres Bewusstseins auf Herausforderungen in unserem jetzigen Leben. Diese können von Liebespartnern, Freunden, Autoritätspersonen, Kindern oder Eltern ausgehen, kurz: von jedem, mit dem wir uns energetisch verbinden, von jedem, der uns etwas bedeutet. Dieses Misstrauen kann auch von alltäglichen Vorkommnissen im Leben ausgelöst werden. Jedes Mal wenn unser Misstrauen geweckt wird, empfinden wir nicht nur den gegenwärtigen Verrat, sondern alle Erlebnisse von Verrat, die sich mit der Zeit aufgestaut haben. Das Misstrauen kann so stark sein, dass es unsere Beziehungen oder Arbeitssituationen regelrecht sabotiert, denn wir wollen unbedingt an unseren Fantasien festhalten, und so wird die Liste der Täuschungen durch jeden neuen Verrat länger.

> Mich (Krish) stört es zum Beispiel sehr, wenn jemand unzuverlässig ist und mich rücksichtslos behandelt. In meiner Vorstellung sollte die Welt ein Ort sein, wo die Menschen zuverlässig und rücksichtsvoll miteinander umgehen. Mit kindlichem Eigensinn weigere ich mich die Überzeugung aufzugeben, dass die Leute sich an das halten, was sie versprechen, und andere (nämlich mich) respektvoll behandeln (nicht, dass ich selbst mich immer so verhalten würde!). Aber unter meinem Scheinvertrauen lauert die tief verwurzelte Überzeugung (mein allumfassendes Misstrauen), dass die Leute mich nicht so behandeln werden, wie ich es von ihnen erwarte. Und wenn sie es dann tatsächlich nicht tun, bricht meine ganze Welt zusammen und ich bin außer mir, dass ich wieder einmal getäuscht und betrogen wurde. Ich habe vor kurzem in der Stadt, in der wir leben, bei einem Gebraucht-

wagenhändler einen Motorroller gekauft. Ich bezahlte bar und erhielt eine Quittung. Der Verkäufer erklärte mir, es würde etwas dauern, bis er den Fahrzeugschein hätte. Ich habe mich noch nie sehr wohl gefühlt, wenn ich mit Autos und dergleichen zu tun hatte, und bin leicht einzuschüchtern. Deshalb ging ich weg, ohne mich nach weiteren Einzelheiten zu erkundigen – in der naiven Annahme, er würde mir den Fahrzeugschein in ein paar Tagen aushändigen. Es dauerte drei Wochen, bis ich diesen blöden Schein bekam, und das auch nur nach vielen (meist unbeantworteten) Anrufen, und nachdem ich ein paarmal in seinem Büro Krach geschlagen hatte. Dieser Vorfall hat mich unmittelbar mit meinem Scheinvertrauen konfrontiert: dem beharrlichen Festhalten an der Vorstellung, dass die Welt ein liebevoller und sicherer Ort ist, wo man vertrauensvoll und verletzbar sein kann. Zweifellos war meine Reaktion das Resultat aller vorangegangenen Erfahrungen von Respektlosigkeit und auch meiner Weigerung, die Fantasievorstellung loszulassen.

Das Hin und Her zwischen Resignation und Hoffnung

Mit Scheinvertrauen zu leben bedeutet zwischen dem Gefühl der Hoffnung und der Verzweiflung hin und herpendeln. Wir beginnen eine neue Beziehung oder Lebenssituation mit Offenheit und positiven Erwartungen. Aber wir gehen auch mit kindlicher Blindheit in sie hinein. Folglich werden wir enttäuscht, sind voller Groll oder Resignation. Unsere Hoffnung verpufft und wird durch ein Gefühl der Hoffnungslosigkeit ersetzt – das Gefühl, niemandem mehr vertrauen zu können. Womöglich beginnt dieser Zyklus immer wieder von vorn, jedes Mal mit derselben kindlichen Hoffnung, die jedes Mal unter derselben Verzweiflung begraben wird.

Auf diese Weise können wir mit der Zeit abgestumpft, zynisch und leblos werden. In unserer Fantasie glauben wir, genau wie das kleine Kind, dass uns ein anderer Mensch oder äußere Umstände glücklich machen können.

Um einen Ausweg aus Verzweiflung, Groll, Resignation, Bitterkeit und Schamgefühl zu finden, müssen wir eine neue Art der Beziehung zum Leben und zu den Menschen aufbauen, die in Betracht zieht, dass wir manchmal nicht so behandelt werden, wie wir es für richtig und fair halten. Um mit Erfahrungen fertig zu werden, die schmerzhaft und manchmal gnadenlos enttäuschend sind, brauchen wir eine neue Einstellung zum Leben.

Kurz: Wir müssen den Sinn dessen verstehen, was geschehen ist und immer wieder geschieht und was unser Herz verschließt; wir müssen den Sinn von Erfahrungen verstehen, die zu Enttäuschungen führen können. Paradoxerweise helfen uns genau diese Enttäuschungen, reifer zu werden und über unser Scheinvertrauen hinauszuwachsen. Ohne sie blieben wir weiterhin in diesem Zustand infantiler Idealisierung und Hoffnung gefangen. Durch den Schmerz über diese Enttäuschungen wachsen wir. Von der unrealistischen Erwartung an das Leben und andere Menschen, von unserem ständig wachsenden Misstrauen bis hin zu der Erfahrung, dass das Leben, so wie es ist, zutiefst erfüllend ist – Traurigkeit, Schmerz und Enttäuschung eingeschlossen -, ist es ein riesiger Bewusstseinssprung. Es ist die Reise hin zu echtem Vertrauen.

Echtes Vertrauen

Echtes Vertrauen basiert auf der tiefen Erfahrung, dass die Existenz uns trägt und für uns sorgt. Es basiert auf dem inneren Wissen, dass die Erlebnisse, die uns zuteil werden – seien sie positiv oder negativ, angenehm oder schmerzhaft – ein integraler Bestandteil unseres menschlichen Wachstums sind. Wir wissen tief innen, dass uns das Leben zu einer höheren Ebene der Reife führt, wenn wir nicht mit dem Schmerz kämpfen, den das Leben unweigerlich mit sich bringt. Mit dieser Art von innerem Vertrauen können wir uns auch von den schmerzhaftesten

Rückschlägen, Versagenserfahrungen und Zurückweisungen erholen, können uns wieder aufraffen und mit einer positiven Einstellung weiterleben. Grundsätzlich ist dieses Vertrauen nicht davon abhängig, wie gut oder schlecht das Leben und andere Menschen mit uns umgehen. Es ist eine Qualität tief in unserem Innern, die von Äußerem unberührt bleibt. Die meisten von uns haben dieses Vertrauen nicht. Die kostbare Unschuld und das Vertrauen, das wir als Kind besaßen, waren noch unerprobt und mit dem Älterwerden verloren wir die Verbindung zu dieser Unschuld. Doch das naive kindliche Vertrauen ist in der Lage, sich in echtes reifes Vertrauen zu verwandeln. Wie traumatisch unsere Kindheit auch gewesen sein mag, durch aufrichtige innere Arbeit kann sich aus diesen Erfahrungen reifes Vertrauen entwickeln. Wenn wir echtes Vertrauen besitzen, heißt das nicht, dass wir niemals misstrauisch sind. Doch unser Misstrauen stellt eine Antwort im Hier und Jetzt dar und basiert auf klaren, gefühlsneutralen Beobachtungen. Wir können aus dem, was wir an einem Menschen (oder einer Situation) sehen, fühlen und erfahren, folgern, dass wir hier in unserer Verletzlichkeit nicht am richtigen Platz sind. So einfach ist das. Wir brauchen nicht zu reagieren oder uns über das Verhalten des anderen aufzuregen, denn wir verstehen, dass wir unsicheren Boden betreten, sobald wir uns für jemanden öffnen.

Die Entscheidung entspringt aus einer Klarheit und einem Akzeptieren der Dinge, wie sie sind, nicht wie wir sie gerne hätten. Diese Art von klarer Wahrnehmung erlaubt uns, Unterscheidungen zu treffen: Wir können uns öffnen, wenn wir uns sicher und angenommen fühlen, oder uns verschließen, wenn wir das für angebracht halten. Wir sehen die Situation so, wie sie ist. Dieses grundlegende Selbstvertrauen macht es uns viel leichter, das Misstrauen auf die jeweilige Situation, in der wir schlecht behandelt oder getäuscht werden, zu beschränken, anstatt unsere gesamte Lebenseinstellung davon beeinflussen zu lassen.

Der Übergang von der Fantasie zur Realität

Echtes Vertrauen entdecken wir, wenn wir uns selbst wieder vertrauen. Das Leben, die Existenz, Gott (oder wie immer wir es nennen möchten) scheint entschlossen zu sein, uns aus unseren Fantasien aufzuwecken. Es konfrontiert uns immer wieder mit Situationen, die unsere Hoffnungen und Erwartungen zunichte machen, und hilft uns, die Augen zu öffnen, damit wir das Leben so sehen, wie es ist.

> Eine Seminarteilnehmerin hatte ihre gut gehende Praxis als Heilpraktikerin in Deutschland aufgegeben, um mit ihrem amerikanischen Mann in den USA zu leben. Nach einem erfolgreichen und kreativen Leben fand sie sich plötzlich in einer neuen, fremden Umgebung wieder, wo sie untergeordnete Arbeiten ausführte, um ihren Lebensunterhalt zu verdienen. Ihr Mann gab ihr nicht die gewünschte Unterstützung und Aufmerksamkeit und sie hatten oft Streit. Diese Frau hatte viele Jahre lang intensiv Therapie gemacht und meditiert. Dennoch wurde sie durch diesen Umzug nach Amerika mit einer ihrer tiefsten Fantasien und Hoffnungen konfrontiert, nämlich dass ein Mann für sie sorgen, ganz auf ihre Bedürfnisse eingehen und ihr sogar den notwendigen Kampf ums Überleben abnehmen werde. Innerlich hoffte sie, ihr Mann würde ihr das geben, was sie als Kind nie gehabt hatte: ein tiefes Gefühl der Sicherheit und des Versorgtseins. Er gab es ihr nicht und sie war empört.
>
> Zu dem Zeitpunkt als wir sie kennenlernten und ihre Geschichte hörten, schien sie bereit zu sein, diese machtvolle Lektion anzunehmen, auch wenn sie schmerzhaft und niederschmetternd war. Sie konnte allmählich die Erwartung aufgeben, dass ein Mann die Leere ihrer schmerzhaften Kindheit füllen werde. Stattdessen suchte sie jetzt die Erfüllung in sich selbst. Nun konnte sie allmählich auch erkennen, was ihr Mann ihr tatsächlich gab, anstatt auf das fixiert zu sein, was ihr fehlte. Ihr Mann liebte sie auf seine Art, doch ihre Erwartungen hinderten sie daran, seine Liebe zu sehen und anzunehmen.

Ein Teil von uns hört wahrscheinlich nie auf zu hoffen und wird immer grollen, wenn unsere Hoffnungen zunichte gemacht werden. Doch wir können an einen Punkt gelangen, wo dieser Teil unser Leben nicht mehr dominiert und unser Bewusstsein nicht mehr beherrscht. Wenn uns einmal der Unterschied zwischen Scheinvertrauen und echtem Vertrauen bewusst ist, merken wir, wann unsere Fantasien die Führung übernommen haben.

Mit dieser Bewusstheit können wir die reale Situation erkennen. Es ist, als wenn man die rosarote Brille abnimmt und die Dinge so sieht, wie sie sind. Selbst wenn es schmerzt, alles klar und deutlich zu sehen, letzten Endes ist es viel erfüllender, in der Realität zu leben als in einer Fantasiewelt.

3. Kapitel

Den Schleier der Illusion beiseite legen: Kindische Unschuld gegen Menschlichkeit und Tiefe eintauschen

WIR WERDEN OFT GEFRAGT: „WANN IST DIE INNERE EMOTIONALE ARBEIT ABGE-schlossen?" Unsere Antwort lautet: „Solange wir noch in Scheinvertrauen oder allumfassendem Misstrauen leben, ist die Arbeit nicht beendet." Unser gegenwärtiges Leben gibt Aufschluss darüber, wo wir stehen: die Gefühle der Enttäuschung und des Verrats, die Schwierigkeiten in Liebe und Intimität, die Art, über uns und andere zu urteilen, die Blockierung unserer Lebensenergie, die Depressionen und die Resignation.

> Solange unsere Gegenwart noch unter dem negativen Einfluss der Vergangenheit steht, solange wir unsere Ängste und Unsicherheiten noch nicht wirklich angenommen haben – ohne zu urteilen oder auszuwählen – solange gibt es noch mehr zu erkunden, zu fühlen und zu verstehen.

Unter „emotionaler Arbeit" verstehen wir keineswegs andauernde Primärtherapie, obwohl das auch nötig sein mag. Wir meinen damit auch nicht, dass man sich mit der Vergangenheit und ihren Wunden so identifiziert, dass wir vorschieben, wir seien zu verwundet, um das Risiko eingehen zu können, im Einklang mit uns selbst zu leben. Wir verstehen darunter vielmehr die Bereitschaft, unsere emotionalen Reaktionen auf Ereignisse, die uns im jetzigen täglichen Leben begegnen, zu hinterfragen und zu fühlen. Weil unsere Reaktionsmuster stark von früheren Traumen beeinflusst sind, ist es notwendig, diese Verbindung zwischen Vergangenheit und Gegenwart zu erkennen und zu spüren. Die Vergangenheit ist erst dann wirklich vergangen, wenn sie unsere Gegenwart nicht mehr beeinflusst.

Auf Verleugnung verzichten

Ein bedeutsamer Aspekt der emotionalen Arbeit ist der Verzicht auf Verleugnung. Manche von uns haben ein hartnäckiges Bedürfnis, an Illusionen festzuhalten, besonders was die Vergangenheit angeht. Unsere Traumen sitzen sehr tief, doch wenn wir der Wahrheit, wie unsere Unschuld verletzt wurde, geduldig und sorgfältig auf den Grund gehen, können wir eine Menge lernen. Auf die eine oder andere Art ist die Unschuld eines jeden von uns verraten worden. Und wenn wir uns die Mühe machen, diese Erfahrungen aufzuarbeiten, können wir unsere kindische Unschuld gegen etwas sehr viel Wertvolleres eintauschen: Wir lernen, von Grund auf menschlich zu werden.

> Kürzlich spielte ich (Krish) mit einem Freund Tennis. Auf dem Nachbarplatz gab ein Vater seinem Sohn Unterricht. Er kann nicht älter als sechs gewesen sein. Die Lehrmethode des Vaters bestand darin, den Jungen ständig zu schelten: weil er sich nicht genug Mühe gab, weil er den Ball nicht richtig anschnitt, seinen Schlägen nicht genug Schwung gab, die Fußarbeit nicht stimmte, weil er nicht von der Vorhand zur Rückhand wechselte, dem Ball nicht entgegenlief und so weiter und so fort. Das war seine Art, den Sohn zu lehren. Der Junge klagte, dass es ihm nicht gut ginge (wahrscheinlich die einzige Möglichkeit, sich zu entziehen). Ich vermute sogar, dass der Vater in guter Absicht handelte. Er bemühte sich aufrichtig, dem Sohn

Tennis beizubringen und seine eigene Begeisterung mit ihm zu teilen. Und wahrscheinlich hatte sein Vater es mit ihm früher genauso gemacht, wie er es jetzt mit seinem Sohn machte. Vielleicht meint er heute noch, das sei die richtige Methode. Mein Freund und ich beobachteten die Situation – wir sind beide Therapeuten mit ähnlicher Ausrichtung. Als wir Pause machten und Wasser tranken, sprachen wir über die Szene, die sich auf dem benachbarten Platz abgespielt hatte, und merkten, dass wir es tagtäglich mit genau solchen Konditionierungen zu tun haben wie die, die dieser Junge erhielt.

Wenn wir alte Traumen mit der Bewusstheit und den Fähigkeiten eines Erwachsenen noch einmal erleben, wird uns klar, warum unser Misstrauen so tief sitzt. Und uns wird auch klar, warum wir in manchen Bereichen unseres Lebens nicht richtig funktionieren. Wenn wir fühlen können, was mit uns geschehen ist, entwickeln wir Mitgefühl und Verständnis für unsere jetzigen Ängste und Unsicherheiten. Solange wir nicht einen aufrichtigen, unvoreingenommenen Blick darauf geworfen haben, was wir als Kind alles durchgemacht haben, ist es schwierig nachzuvollziehen, wie Misstrauen und Fehlfunktionen sich entwickeln konnten. Wir müssen die Erfahrungen aus der Sicht des hilflosen, schutzlosen Kindes noch einmal durchleben, ohne dabei die Vogelperspektive des Erwachsenen aufzugeben. Es mag uns manchmal schwer fallen, uns zu erinnern und zu verstehen, was uns als Kind widerfahren ist. Wir können jedoch unser jetziges Misstrauen beobachten, und daraus die Geschichte Stück für Stück zusammensetzen, aus der dieses Misstrauen stammt und wie es entstanden ist.

Die Tiefe unseres Misstrauens erkennen
In unseren Workshops über Misstrauen machen wir folgende Übung. Wir fordern die Teilnehmer auf, einen Partner zu

wählen und sich gegenüberzustehen. Wir laden dann einen der beiden ein, sich vorzustellen, dass er die Schutzschicht entfernt, die ihn umgibt und sich dem anderen mit geöffneten Augen langsam zu nähern, ohne zu wissen, ob dieser verletzlich und empfänglich oder verschlossen ist. An einem bestimmten Punkt bitten wir die Person, ihre Ängste zu verbalisieren, die bei ihr hochkamen, als sie sich dem anderen schutzlos näherte.

Mithilfe dieser einfachen Übung wird deutlich, wie ängstlich und misstrauisch wir eigentlich unter unserer Schutzschicht sind. Viele von uns sind der festen Überzeugung, dass uns etwas Schreckliches zustoßen wird oder wir selbst etwas Schreckliches tun würden, wenn wir unsere Verteidigungsmechanismen fallen ließen. Diese tief verwurzelte Überzeugung beeinträchtigt auf irrationale, unberechenbare Weise sogar unser Nervensystem. Vor lauter Angst funktionieren wir nicht richtig, etwa beim Sex, wenn wir Nähe zulassen, im kreativen Ausdruck, bei einer Konfrontation, wenn wir versuchen, ehrlich miteinander zu sein oder wenn wir uns Freude und Vergnügen gönnen, unsere Emotionen oder unseren Körper spüren. Auch in Schlafstörungen oder in anderen körperlichen Symptomen kann die Angst zum Ausdruck kommen und sogar unerklärliche Anfälle von Panik können auftreten. Dabei spielt es oft keine Rolle, wie viel Bestärkung wir von innen oder von anderen Menschen erhalten. Das Misstrauen und die Angst haben uns fest im Griff.

Um die Ursache unseres Misstrauens zu verstehen und den inneren Ängsten mitfühlend zu begegnen, müssen wir verstehen, wie wir als Kind traumatisiert wurden. Einige dieser Traumen stammen von Ereignissen, die rein zufällig waren, etwa eine Krankheit, ein Unfall, Alleinsein im Krankenhaus, der Tod oder die Abwesenheit eines Elternteils in der frühen Kindheit. Diese Traumen haben oft einen nachhaltigen Einfluss auf unsere Beziehung zur Welt, zu anderen Menschen und zu uns selbst. Daher ist es wichtig, dass wir ihnen auf den Grund gehen.

Als Säugling litt ich (Krish) unter einer Absorbtionsstörung. Während meiner ersten Lebenstage saß meine Mutter hilflos neben meinem Bett und wusste nicht, ob ich überleben würde oder nicht. Später habe ich mir diese Erfahrung unter verschiedenen Aspekten der inneren Arbeit angeschaut und begriffen, dass ich in diesen frühen Tagen eine starke symbiotische Bindung mit meiner Mutter eingegangen bin, da sie für mich die Verbindung zum Leben war. Diese Bindung war nicht leicht zu lösen und führte in meinen späteren Beziehungen mit Frauen zu Schwierigkeiten. Zudem zogen wir alle drei bis vier Jahre von einer europäischen Stadt in die andere um, denn mein Vater arbeitete mit jüdischen Flüchtlingen. Dadurch war ich immer wieder gezwungen, die Schule und meine Freunde aufzugeben und mich in einer neuen Umgebung zurechtfinden. Ich hätte nie gedacht, dass diese Umzüge eine traumatisierende Wirkung gehabt haben könnten. Doch heute merke ich, wir ich jedes Mal erstarre, wenn ich von Orten oder Menschen Abschied nehmen muss.

Als ich (Amana) sieben Jahre alt war, musste ich von heute auf morgen meinen Vater, meine Freunde, mein Spielzeug und das Haus, in dem ich lebte, verlassen. Meine Mutter hatte eines Tages das Auto gepackt und war mit mir und meinem Bruder von zu Hause weggefahren. Mein Vater war Alkoholiker. Ich erinnere mich noch, dass ich die Spannung und die Angst im Haus schon lange gespürt hatte. Meine Mutter wusste nie, wann oder ob mein Vater von der Arbeit nach Hause kommen würde. Wenn er sein Gehalt bekommen hatte, verschwand er manchmal tage- oder wochenlang. Man wusste nie, wie er sich verhalten würde. Zu Hause war er charmant, liebevoll, spielerisch und aufmerksam, doch wenn er getrunken hatte, wurde er ein anderer Mensch – depressiv, verantwortungslos und manchmal gewalttätig. Nach der Trennung dauerte es ein Jahr, ehe mein Bruder und ich ihn jedes zweite Wochenende besuchen durften. Sein Verhalten wurde immer selbstzerstörerischer und als ich achtzehn war, kostete ihn der Alkohol sein Leben. Im Laufe der Zeit begriff ich, wie groß mein Trauma war. Ich hatte die Überlebensängste meiner Mutter übernommen und gleichzeitig meinen Vater verloren, den ich sehr geliebt hatte. Selbst heute, nach vielen Jahren innerer Arbeit, merke ich, dass es mir immer noch Angst macht, wenn Pläne geändert werden, und dass ich Zeit brauche, um mich daran zu gewöhnen. Rückblickend bin ich meiner Mutter dankbar, dass sie den Mut und die Kraft aufbrachte, mit uns fort zu gehen und für uns alle ein viel besseres Leben aufzubauen. Doch damals fühlte es sich wie ein schrecklicher Verrat an, von meinem Vater getrennt zu werden und ihn nach der Trennung ein Jahr lang überhaupt nicht sehen zu dürfen. Ich litt unter Schuldgefühlen und inneren Konflikten, weil ich ihn liebte. Jahrelang tat ich so, als bräuchte ich keinen Vater. Erst viel später in der Therapie erlaubte ich mir zu fühlen und auszudrücken, wie sehr ich ihn liebte und ihn vermisste. Obwohl er damals schon viele Jahre tot war, war es zutiefst heilsam für mich, die Gefühle von Liebe und Schmerz zuzulassen.

Misstrauen hat viele Ursachen
Unser Misstrauen geht auf Kindheitserfahrungen zurück, in denen wir uns ungeliebt, missachtet oder nicht gesehen fühlten. Im Rückblick mögen viele dieser Erfahrungen unbedeutend erscheinen, waren sie doch für die meisten von uns das tägliche Brot unserer Erziehung. Aber auf ein sensibles Kind hatten sie eine verheerende Wirkung. Es müssen nicht unbedingt Erlebnisse von krassem Missbrauch, wie körperlichem, sexuellem oder wiederholtem emotionalen Missbrauch, sein, welche ein Kind natürlich mit tiefstem Misstrauen erfüllen. Auch durch scheinbar unbedeutende Traumen entwickelt sich starkes Misstrauen.

Wenn wir einen Film über unsere Konditionierung und Erziehung sehen könnten, wären wir wahrscheinlich höchst erstaunt darüber, was wir alles durchstehen mussten. Bei den meisten Menschen beginnen Traumata mit der Art, wie wir üblicherweise zur Welt kommen, oder sogar noch früher im Mutterleib, als unsere Mutter während der Schwangerschaft Sorgen hatte oder die häusliche Umgebung ihr Stress bereitete. Danach setzt sich die Traumatisierung auf zahllose Weise fort.

Sie entsteht durch den Druck, die Erwartungen, die Ängste und die Frustrationen unserer Eltern. Sie entsteht durch das Rollenverhalten, das Kindern gegen ihre Natur aufgezwungen wird, etwa als Aufpasser oder als emotionale Stütze eines Elternteils, wenn man von ihnen erwartet, in die Fußstapfen eines Elternteils zu treten oder eine ganz bestimmte Laufbahn einzuschlagen.

Frustrierte Eltern, die sich durch ihren Sohn oder ihre Tochter etwas erfüllen möchten, wozu sie selbst nicht fähig waren, haben oft die höchsten Erwartungen an ihre Kinder.

In dem ergreifenden Film „Shine" wird der begabte Sohn David von seinem Vater unbarmherzig misshandelt, weil dieser selbst ein frustrierter Musiker ist. Er ist der aufrichtigen Überzeugung, seinem Sohn liebevolle Unterstützung zu geben, indem er ihn zum Klavierspielen zwingt. Das Tragische ist, dass David die Musik liebt, die väterliche Erwartung jedoch sein Nervensystem so überbeansprucht, dass er keine Chance hat seine echten Neigungen zu spüren.

In unseren Workshops fragen wir die Teilnehmer oft, wer als Kind geschlagen wurde, und sind immer erstaunt, wie viele Leute die Hand heben. Körperlicher Missbrauch in Form von Ohrfeigen oder Prügel wird immer noch als normale Bestrafung angesehen. Wenn man den Stress in Betracht zieht, dem viele Eltern ausgesetzt sind, und die körperliche Misshandlung, die sie wahrscheinlich selbst als Kind erfahren haben, ist es erklärlich, dass sie ihre Kinder schlagen. Aber dadurch ist der Missbrauch für das Kind nicht weniger schlimm. Im Grunde wird das Kind einfach zum Ventil für die aufgestaute elterliche Frustration und Unterdrückung, und als Folge der Schläge beginnt es, sich selbst zu missachten und zu hassen.

Auf einer subtileren Ebene entstehen Traumen durch jede Form von körperlicher oder emotionaler Verlassenheit. Auch wenn sie rückblickend noch so geringfügig erscheinen mag, ein wehrloses Kind ist durch solche Situationen vollkommen überfordert. Normalerweise assoziieren wir Verlassenheit mit körperlicher Trennung – ein Elternteil geht weg oder ist nie zu Hause –, tatsächlich aber tritt das Gefühl in jeder disharmonischen Situation mit Mutter oder Vater auf, d.h. wenn sie uns nicht zuhören, nicht verstehen oder wir eine Rolle spielen müssen, die nicht unserer Natur entspricht.

Einige Beispiele (alle Namen geändert) aus einem Workshop in Schweden:

> Evelyn hatte eine jüngere Schwester, die sehr krank war. Um die Schwester nicht zu stören, musste sie immer nett und ruhig sein. Noch heute hat sie panische Angst davor, ärgerlich zu werden und jemanden damit zu konfrontieren und lässt ständig Übergriffe und Respektlosigkeiten zu. Dadurch ist es ihr unmöglich, eine tiefe Beziehung einzugehen.

> Andreas, ein Herzchirurg, musste als Kind für seine Mutter sorgen, die unter Asthma litt. Heute ist er nicht in der Lage, sich freie Zeit zu nehmen oder das zu tun, was ihm Spaß macht. Wenn er nicht ständig arbeitet, um andern zu helfen, fühlt er sich in seiner Existenz bedroht. Dieser dauernde Druck macht ihn sehr unglücklich. Er ist gefangen in seiner Angst, die Mutter zu enttäuschen.

> Johann hatte einen gewalttätigen Vater, seine Mutter war Alkoholikerin. Er litt darunter, dass es in seiner Kindheit keinen Raum für seine Bedürfnisse gab. Die Folge davon ist, dass er heute jedem zuhört und frustriert ist, wenn niemand Zeit für ihn hat.

> Marit hatte eine „besondere" Beziehung zu ihrem Vater: Sie war Papas Liebling. Aber in Wirklichkeit war sie seine heimliche Geliebte und ersetzte die Mutter, die er nie geliebt hatte. Das Gefühl, etwas Besonderes zu sein und gleichzeitig ihren Vater doch nicht ganz zu besitzen, verursachte Verwirrung in ihr. Aus Schuldgefühlen ihrer Mutter gegenüber kann sie

heute keine engen Beziehungen zu Frauen eingehen und fühlt sich von ihrem eigenen Geschlecht entfremdet. Außerdem steht sie unter dem ständigen Druck, begehrenswert erscheinen zu müssen. Ihr Selbstwertgefühl hängt davon ab, dass ein Mann sie begehrt.

Alan war ein unerwünschtes Kind und schämte sich, dass es ihn überhaupt gab. Heute leidet er oft unter tiefen Depressionen.
Jan bekam einen Jungennamen, weil ihre Eltern sich einen Sohn wünschten und keine Tochter. Sie verleugnete ihre Weiblichkeit und hasste alles Weibliche, um ihren Eltern zu gefallen und deren Liebe zu bekommen. Das führte dazu, dass sie sich schließlich selber ablehnte. Heute fällt es ihr sehr schwer, einen Mann an sich heran zu lassen, weil sie sich in ihrem Frausein so erniedrigt fühlt.

Ein Kind erleidet ein Trauma, wenn die Eltern (oder ein Elternteil) zu narzisstisch sind, um ihm Anerkennung oder sinnvolle Aufmerksamkeit zu schenken. Tatsächlich ist elterlicher Narzissmus eine der größten Ursachen für kindliche Traumen, weil er sich in so vielen Formen äußert. Narzisstische Eltern hören nicht zu, sondern halten ihren Kindern Vorträge oder geben Ratschläge. Sie unterstützen nicht die natürlichen Interessen und Begabungen des Kindes, sondern drängen es in eine Richtung, die sie selbst bevorzugen. Sie biegen das Kind nach ihren eigenen Moralvorstellungen zurecht und unterdrücken seine natürlichen Energien aus Angst vor der Missbilligung anderer.

Ein guter Freund von uns leidet noch immer unter dem Trauma, das durch seine äußerst narzisstische Mutter verursacht wurde. Die Aufmerksamkeit, die er in seiner Kindheit bekam, war hauptsächlich eine Widerspiegelung ihrer eigenen Bedürfnisse und Launen. In früher Jugend lernte er Gitarre spielen und entdeckte, dass er außergewöhnlich begabt war. Er fing an regelmäßig zu üben und sogar selber Stücke zu schreiben. Während sein Vater ihn darin bestärkte, wusste seine Mutter nicht einmal, dass er spielen konnte, bis er Jahre später ein Konzert in einem Club gab. Ihr extrem ausgeprägter Narzissmus machte sogar vor sexuellem Missbrauch nicht Halt: Sie stolzierte spärlich bekleidet durchs Haus, um seine Aufmerksamkeit zu erregen, oder wollte von ihm bewundert werden, wenn sie neu gekaufte Kleider anprobierte. Sogar heute noch spricht sie nur von sich selbst, wenn er sie anruft, und erkundigt sich selten nach seinem Leben. Und wenn, dann hört sie nicht zu. Es dauerte Jahre, bis er sich durch die tiefe Verwirrung zwischen natürlichen Gefühlen der Liebe zu ihr als Mutter und seiner ungeheuren Wut über diese Behandlung hindurchgearbeitet hatte.

Unseren Eltern und der Gesellschaft, in der wir aufgewachsen sind, mangelte es an der Bewusstheit, uns die Hebevolle, fürsorgliche, einfühlsame und Kraft spendende Unterstützung zu geben, die wir brauchten. Selbst wenn unsere Eltern es gut mit uns gemeint haben, konnten sie doch nicht anders, als die Scham- und die Schuldgefühle, die ihnen selbst anerzogen worden waren, an uns weiterzugeben. Im Innern eines hilflosen, verletzbaren kleinen Kindes wird jede Art von mangelndem Feingefühl als tief traumatisches Ereignis wahrgenommen. Und mit der Zeit zieht sich die Sensibilität des Kindes immer mehr nach innen an einen sicheren und unerreichbaren Ort zurück. Auch wenn wir uns nach außen hin eine Persönlichkeit zulegen, die Beziehungen eingehen und zumindest bis zu einem gewissen Grad funktionieren kann, bleiben unsere tieferen Schichten im Verborgenen. Oft kommen sie erst wieder zum Vorschein, wenn wir intime Liebesbeziehungen oder bedeutsame Beziehungen mit Autoritätspersonen eingehen. Da merken wir auf einmal, dass wir nicht offen oder überempfindlich sind.

> Eine unserer Klientinnen leidet seit langem unter Migräne. Sie merkte, dass sie kürzlich nach einem Besuch bei ihren Eltern starke Kopfschmerzen hatte, und fragte sich, ob da eine Verbindung bestehe. Während dieses Besuches hatte sie in einem Buch von John Bradshaw über Scham gelesen.

Als ihr Vater das sah, nahm er das Buch, schlug es ihr auf den Kopf und zog sie damit auf, dass sie es nötig hätte, so etwas zu lesen, und sagte sie solle „ihren Gefühlen nicht so frönen". Sie erzählte uns, dass auch ihre Mutter unter Migräne leidet, und fragte sich, ob das eine genetische Veranlagung sein könne. Wir meinten daraufhin, selbst wenn in ihrer Familie die weiblichen Familienmitglieder zu Migräne neigten, sei es wahrscheinlicher, dass die männlich-chauvinistische Beschämung und Erniedrigung durch den Vater, die er ihr, ihrer Mutter und Frauen im Allgemeinen gegenüber an den Tag legte, die Migräne auslösen würde. Bei dieser Art von Aggression bleibt der Sensibilität nichts anderes übrig, als sich nach innen zurückzuziehen und Schmerzen im Körper zu verursachen. Diese Schmerzen sind wie ein kleines Kind, das im Innern nach Beachtung ruft.

Nachdem ich (Krish) mehrere Jahre zuerst in Amerika und dann in Indien an Wachstumsgruppen teilgenommen hatte, wobei ich in Indien viele Monate ununterbrochen mit Hilfe von intensiver Therapie und Meditation an meinen Wunden gearbeitet hatte, kehrte ich in die USA zurück und besuchte meine Eltern. In der Vergangenheit hatte ich sie meistens idealisiert. Ich erinnere mich lebhaft an einen Workshop in Indien, wo eine der Therapeutinnen zu mir sagte: „Wenn deine Jugend so wunderbar war, warum bist du dann so verschlossen, kontrolliert und im Kopf?" Mir war klar, dass sie irgendwo Recht hatte, doch ich kam nicht dahinter, warum ich so war. Auch hatte ich mich zwiegespalten: Meine Familie schien liebevoll und unterstützend gewesen zu sein und ich glaubte, dass meine Eltern fürsorgliche, freundliche Leute waren, denen ich keine Schuld geben wollte. Trotzdem wollte ich tiefer in mich und meine Gefühle eintauchen. Das bedeutete allerdings, die Dinge nicht aus der Perspektive des Erwachsenen, sondern aus der des traumatisierten Kindes zu sehen und zu fühlen. Als ich dieses Mal in meinem Elternhaus war, empfand ich die Dinge ganz anders. Ich verstand, wie es gewesen sein musste, in meiner Familie aufzuwachsen. Ich bemerkte den unterdrückten Ärger meines Vaters und wie meine Mutter ihre Umgebung kontrollierte, indem sie ständig Ratschläge gab und nicht zuhörte. Diese Seiten meiner Eltern hatte ich vorher nicht beachtet.

Jetzt sah ich, wie beängstigend das für mich als Kind gewesen sein muss. Ich bemerkte auch, wie oberflächlich, höflich und aufgesetzt sie miteinander und mit anderen Leuten umgingen. Außerdem war es schmerzhaft, die Eile, die Rationalität und den Leistungsdruck mit anzusehen, von denen die Familie beherrscht wurde. Ich verstand, was für ein tiefer Schock das für ein sensibles Kind gewesen sein muss, dessen eigentliches Wesen „Sein" ist und nicht „Tun". Ich kam damals gut damit zurecht, indem ich das Spiel einfach mitspielte: Ich wurde höflich, angepasst und war ständig mit etwas „Vernünftigem" beschäftigt, und meine Sensibilität und meine Widerstandskraft wurden unter dem Druck, etwas zu werden, begraben. Der Druck und das Leistungsideal wurden zu meinen eigenen Idealen, unter denen meine Verletzlichkeit und Individualität begraben wurden.

Als ich später über Co-Abhängigkeit las und wie man sie überwindet, gelang es mir, meine Verleugnungstendenz zu durchschauen. Bei der Lektüre von Robert Subbys wunderbarem kleinen Buch „Lost in the Shuffle" über die unausgesprochenen Regeln in gestörten Familien, erkannte ich, wie sehr meine eigene Familie von solchen Regeln bestimmt wurde. Alle Regeln, die er dort anspricht, galten auch in meiner Familie: Nicht über Probleme sprechen, keine Gefühle zeigen, unrealistische Erwartungen an Kinder haben, die Bedürfnisse anderer über die eigenen stellen, den Status Quo unangetastet lassen, nicht über Sex sprechen, nicht verantwortungslos oder verspielt sein und sich selbst nicht vertrauen. Solch eine Konditionierung erzeugt tiefe Angst und Schamgefühle. Wir verlieren dadurch den Kontakt mit unserer spontanen Lebendigkeit und Lebensfreude.

Die Vergangenheit mit der Gegenwart verbinden

In der Familie, in der ich (Amana) aufgewachsen bin, war es undenkbar, Gefühle zu zeigen und über Probleme zu sprechen. Der Einzige, der je Gefühle zeigte, war mein Vater, und das auch nur, wenn er betrunken war. Er wurde dann entweder wütend oder machte anderen Vorwürfe oder er weinte und war seines Lebens müde. Meine Mutter reagierte darauf, indem sie äußerst sachlich und hart wurde und nichts nach außen dringen ließ. Sie sprach mit niemandem über die Situation und hielt sie selbst vor ihren Eltern und den nächsten Freunden geheim. Ich erinnere mich, wie ich als Kind unter den Spannungen im Haus litt und mich sehr entfremdet gefühlt habe. Immer, wenn ich traurig war, schloss ich mich im Badezimmer ein, damit mich niemand weinen sah, und eines Tages beschloss ich, niemandem je meine wirklichen Gefühle zu zeigen. Jedes Mal, wenn ich traurig, wütend oder ängstlich war, las ich Angst und Beunruhigung im Gesicht meiner Mutter und die unheilvollen Worte: „Du bist genau wie dein Vater", was soviel hieß wie: verantwortungslos, schwach, ein Verlierer, immer jammernd und nie zufrieden. Ich verschloss mich innerlich, bis ich ganz starr wurde. Es hat lange gedauert, bis ich wieder etwas fühlen und meine Gefühle zeigen konnte, ohne mich ihrer zu schämen. Und noch länger dauerte es, bis ich dem Schatten der Depression und der Selbstzerstörung meines Vaters entkommen war, der stets über mir hing, wenn ich eine schwierige Zeit durchmachte. Noch immer habe ich große Schwierigkeiten, um Hilfe zu bitten, doch allmählich lerne ich es.

Vor einiger Zeit hatte ich eine Operation am Fuß und war zum ersten Mal seit meiner frühen Kindheit völlig hilflos. Das versetzte mich in heftige Panik darüber, ob meine Bedürfnisse erfüllt würden. Ich schämte mich, weil ich um alles bitten musste und nicht für mich sorgen konnte. Ich bin total darauf programmiert, selbst für mich zu sorgen, und es ist eigentlich undenkbar, um Hilfe zu bitten oder von jemandem abhängig zu sein. Ich war überempfindlich und ärgerlich, wenn mein Mann sich nicht so auf meine Bedürfnisse einstimmte, wie ich das gerne gehabt hätte. Es war mir peinlich, ihn wiederholt bitten zu müssen, wenn ich etwas brauchte. Gefühle der Erniedrigung brachen aus mir hervor, die mit meiner Mutter zu tun haben, die es unbewusst abgelehnt hatte, zu Hause zu bleiben und für mich zu sorgen, während mein Vater es sich in der Welt gut gehen ließ. Bis dahin hatte ich immer angenommen, meine Schwierigkeiten, um etwas zu bitten, kämen daher, dass mein Vater so hilfsbedürftig und emotional war und allen Raum eingenommen hatte. Seine Bedürfnisse hatten immer Vorrang gehabt und die Gefahr, er könnte wieder auf Sauftour gehen, lag

> ständig in der Luft. Wir mussten uns alle anpassen und ich wurde so gut darin, dass ich den Kontakt mit meinen eigenen Gefühlen und Bedürfnissen verlor.
>
> Jetzt sehe ich, dass das nur ein Teil der Geschichte ist. Obwohl ich keine deutliche Erinnerung daran habe, mich je geschämt zu haben, wenn ich etwas brauchte, so war meine Mutter doch erst achtzehn, als sie mit mir schwanger wurde. Sie wollte der strengen elterlichen Kontrolle entkommen und sah als einzigen Ausweg zu heiraten und Mutter zu werden. Da mein Vater seinen verantwortungslosen Lebensstil auch nach meiner Geburt beibehielt, lag die ganze Verantwortung auf ihr, und so war ihre Fürsorge für mich mit Unmut gemischt. Sie war zwar überglücklich, ein Kind zu haben, aber gleichzeitig ärgerte sie sich, dass sie wegen mir nicht mehr so oft mit Freunden ausgehen konnte. Da mein Vater überhaupt keine Verantwortung übernahm und meine Mutter diesen unausgesprochenen Groll hegte, begann ich schon früh, für mich selbst zu sorgen. Mir war unbehaglich zu Mute, wenn ich etwas brauchte, und es machte mir Angst, abhängig zu sein.

Den Zusammenhang zwischen den alten Traumen und dem Misstrauen und der Furcht von heute zu erkennen, heißt nicht, dass wir anderen die Schuld zuschieben können. Die meisten Eltern und Lehrer tun ihr Bestes, wenn sie Kinder erziehen. Aber das Unbewusste in uns, das Erbe unserer Konditionierung setzt uns Grenzen.

Auf unsere emotionalen Reaktionen achten

Den Schleier unserer Illusionen beiseite zu legen macht Angst, denn es zwingt uns zu erkennen, dass die Unterstützung und Liebe, die wir erhielten, nicht das waren, was sie zu sein schienen. Doch je mehr der Einfluss der Vergangenheit auf die Gegenwart nachlässt, umso leichter können wir unsere Reaktionen im täglichen Leben beobachten – von einem Augenblick zum nächsten. Unsere Gefühle werden nur deshalb so aktiviert, weil noch viele Überbleibsel aus der Vergangenheit in uns schlummern. Doch uns fiel an uns selbst und an den Menschen, mit denen wir arbeiten, etwas ganz Erstaunliches auf: Allein durch Beobachten und Akzeptieren unserer Gefühle können wir uns verändern!

Mit zunehmender Bewusstheit lässt die Neigung, zwanghaft emotional zu reagieren, nach. Durch liebevolles und verständnisvolles Beobachten können wir unser roboterhaftes Verhalten allmählich hinter uns lassen – dieses reagierende Kind, das unbeobachtet und daher außer Kontrolle geraten ist. Jetzt haben wir die Wahl. In diesem Prozess beruhigt sich unsere Seele und unsere Wunden heilen. Wenn wir also in jedem Augenblick auf unsere Gefühle und emotionalen Reaktionen achten, dann verschwindet unser Groll und wir können unsere Erzieher wertschätzen und ihnen gegenüber Dankbarkeit empfinden. Wir können sie so sehen, wie sie sind oder waren, und anerkennen, was sie uns geben oder gegeben haben.

4. Kapitel

Wenn das enttäuschte Kind die Zügel ergreift: Beobachten lernen, wie wir ausagieren

> In einem Workshop in Italien hatten wir kürzlich eine Teilnehmerin, die sich in jeder Gesprächsrunde hartnäckig zu Wort meldete. Da es aber noch vierundzwanzig andere Personen gab, die auch gerne zu Wort kommen wollten, wurde das sowohl für uns als auch für sie zum Problem. Wenn wir sie übergingen obwohl sie immer als eine der ersten die Hand hob – reagierte sie wütend und verstimmt. Wir erklärten ihr, dass sie manchmal ihre Frustration für sich behalten müsse, um zu spüren, was bei ihr ausgelöst wurde. Das sei ebenfalls ein wichtiger Aspekt der Arbeit. Nach und nach gelang es ihr, innerlich etwas mehr Raum zu kreieren und ihre Frustration zurückzuhalten. Ihr wurde bewusst, dass es in ihrem Innern einen Teil gab, der meinte, er müsse sterben, wenn er nicht die gewünschte Aufmerksamkeit erhielt. Als sie ihre Gefühle der Frustration akzeptieren konnte, begann sich etwas in ihr zu entspannen und ihr wurde klar, dass sie nicht nur aus Panik und Verzweiflung besteht – auch wenn es sich zuerst einmal so anfühlte. Sie entdeckte, dass sie stark genug war, um sich gut zu fühlen, auch wenn sie nicht das bekam, was sie wollte.

Wie oft fühlen wir uns beleidigt, verletzt oder erniedrigt, reagieren darauf emotional und irrational und sind für Ewigkeiten verstimmt?! Es kann auch sein, dass wir die Beleidigung in jenem Augenblick gar nicht wahrnehmen, weil wir unter Schock stehen. Hinterher fühlen wir uns vielleicht missbraucht, sinnen auf Rache und grübeln endlos darüber nach, was wir hätten sagen sollen oder am liebsten gesagt hätten. Jedes Mal, wenn wir uns in unserem Leben vereinnahmt oder verraten fühlten und die empfundene Kränkung und Wut nicht ausdrücken konnten, nahm unsere innere Verbitterung zu. Diese Kränkungen hinterlassen tiefe Spuren, sie graben sich im Körper ein und wartet nur darauf, noch einmal ausgelöst zu werden.

Unser regrediertes Kind kennen lernen

Die meisten von uns kennen diesen Teil in uns, der zu Panik neigt, nach Aufmerksamkeit dürstet, leicht einschnappt und außerordentlich dominant und emotional sein kann, insbesondere, wenn die Dinge nicht nach unseren Wünschen laufen. In diesem Zustand denken und handeln wir wie ein Kind, obwohl wir im Körper eines Erwachsenen stecken. Deshalb nennt man ihn „das regredierte Kind".

Mit diesem Teil von uns müssen wir uns unbedingt vertraut machen. Wie denkt er, wie fühlt er, wie verhält er sich? Denn sehr oft übernimmt dieser Teil die Regie und uns bleibt bestenfalls die Rolle des Beobachters. Dieses Kind will nicht erwachsen werden. Es ist so etwas wie eine unbewusste Kraft, die plötzlich vehement hervorbricht, ungeachtet dessen, was unsere „erwachsene" Persönlichkeit möchte.

Das Kind lebt ständig in Scheinvertrauen oder in allumfassendem Misstrauen. Es kann nicht ertragen, wenn es etwas nicht bekommt, und zwar sofort! Versuche ein Kind, das ein Eis haben will, auf morgen zu vertrösten. Morgen existiert für das Kind nicht. Und genauso verhält sich das regredierte Kind in unserem Innern. Unser regrediertes Kind lebt nicht in der Gegenwart. Es kann weder Schlussfolgerungen ziehen, die auf der heutigen Realität beruhen, noch angemessen auf gegenwärtige Situationen reagieren. Seine Einstellung und sein Verhalten sind durch vergangene traumatische Erfahrungen geprägt, von denen viele unbewusst sind. Wenn wir an einem Groll festhalten, der durch eine angenommene oder tatsächliche Missachtung ausgelöst wurde, oder wenn wir in Resignation oder Verzweiflung versinken, weil wir Ablehnung, Verlust oder Enttäuschung erfahren haben, dann ist es dieser Teil unseres Unbewussten, der unbemerkt die Zügel ergriffen hat.

Ganz gleich, für wie überlegen oder reif wir uns halten, es wird Momente geben, in denen unsere Knöpfe gedrückt werden. Wie sehr wir uns auch bemühen, unserem Leben eine feste Struktur zu geben, um solche Störungen auf ein Minimum zu beschränken es gelingt uns nicht. Das Leben findet immer einen Weg, um unsere „Ruhe" zu stören. Doch diese Erfahrungen sind wertvoll, weil sie uns mit unserem regredierten Kind in Verbindung bringen. Sie zeigen uns, wie sehr unser Bewusstsein von der Vergangenheit beeinflusst wird, wie wenig präsent wir oft sind und wie wenig Vertrauen wir in uns selbst und andere haben.

Diese Seite von uns werden wir im Folgenden skizzieren. Doch es hängt von jedem Einzelnen ab, sie in allen Einzelheiten und Feinheiten kennen zu lernen. Es hängt davon ab, ob wir bereit sind und uns die Mühe machen, uns selbst einer aufrichtigen und gründlichen Betrachtung zu unterziehen.

Unser regrediertes Kind sendet ständig Botschaften

Ob wir uns dessen bewusst sind oder nicht, unser regrediertes Kind signalisiert ständig seine Ängste, Unsicherheiten, Bedürfnisse und Erwartungen. Wir nennen das „Radio-Co-Dependency". Diese unbewussten Mitteilungen lösen bei anderen Menschen Reaktionen aus, die unsere Ängste bestätigen und unser Misstrauen noch verstärken.

Die Botschaften sind an andere gerichtet und lauten: „Ich möchte, dass du für mich sorgst", „Ich lasse dich nicht hinein", „Ich möchte, dass du mir ein gutes Selbstwertgefühl gibst," oder „Gib mir deine ganze Aufmerksamkeit". Der andere empfängt diese Schwingung wie ein Signal, das wir aussenden, auch wenn dies meist unausgesprochen und unbewusst geschieht. Deshalb nennen wir es „Radio Co-Dependency".

Das Hauptproblem liegt nicht in der Mitteilung selbst, sondern darin, dass sie unbewusst ist und andere abstößt, ohne dass wir die Ursache erkennen. Oft steht dabei das, was wir sagen, im Widerspruch zu der Mitteilung, die wir energetisch aussenden, daher verstehen wir die Reaktion der anderen nicht. Wie fühlen uns abgelehnt oder im Stich gelassen. Dieser Mechanismus verstärkt wiederum unser Misstrauen den anderen gegenüber.

Es kommt vor, dass jemand in einem Workshop sagt, er (oder sie) möchte von seiner Freundin oder seinem Freund so akzeptiert werden, wie er ist. Aber unser regrediertes Kind ist oft fordernd, manipulativ, rachsüchtig, ungeduldig und grausam, und niemand mag sich so ein Verhalten gefallen lassen – besonders dann nicht, wenn er selbst keine Verantwortung für den gleichen Teil in sich selbst übernehmen will. Was wir in solchen Augenblicken des „Ausagierens" brauchen, ist einen Menschen, der diesem Verhalten des regredierten Kindes entschieden aber liebevoll Grenzen setzt.

Wir brauchen einige Entschlossenheit, um uns selbst ehrlich zu betrachten, um uns darüber klar zu werden, dass dies ein kindlicher und verwundeter Teil in uns ist, der unterhalb der Schwelle unseres Bewusstseins agiert und voller Furcht und Scham ist. Wir haben damals die bestmögliche Strategie gefunden, um zu überleben und glauben, dass sie noch immer notwendig ist. Es erscheint paradox, doch je besser wir diesen Teil von uns verstehen, mit je mehr Liebe und Mitgefühl wir ihn annehmen können, desto weniger Macht hat er über uns.

Wenn wir merken, dass diese Seite in uns hochkommt, sollten wir uns die Zeit nehmen, um die zu Grunde liegende Unzufriedenheit zu spüren und wenn möglich ihre Ursache zu identifizieren.

Vor kurzem hielten wir in einem Seminarzentrum einen Workshop ab. Der Frau, die das Essen für die Gruppe zubereitete, ging es offenbar nicht gut; sie stand vollständig unter dem Einfluss ihres regredierten inneren Kindes. Jedes mal wenn wir ein paar Minuten zu spät zum Essen kamen, weil wir einen Prozess zu Ende bringen wollten, machte sie einem der Assistenten gegenüber boshafte Bemerkungen. Selbst als wir ihr rechtzeitig vorher Bescheid gaben, dass es später werden könne, war ihre Antwort bloß: „Na gut, dann müsst ihr euer Essen eben kalt essen." Wir kennen diese Frau schon lange und wissen, dass sie oft so reagiert, wenn es ihr nicht gut geht oder sie unter Stress steht. Im Grunde war dieses Zentrum, wo sie jahrelang gelebt und gearbeitet hat, nicht mehr der richtige Platz für sie. Sie klammerte sich an die Sicherheit und wurde rechthaberisch, launisch und unglücklich. Doch jetzt war sie bereit zu erkennen, dass sie ausagierte und sich dagegen wehrte, die Ursache zu sehen. Ende des Jahres, ging sie dann das Risiko einer Veränderung ein, zog aus und suchte sich eine neue Arbeit. Als wir sie ein Jahr später wieder trafen, war sie in einer völlig anderen Verfassung.

Die Symptome des regredierten Kindes

Zu erkennen wann unser regrediertes Kind die Zügel in die Hand genommen hat, ist gar nicht so einfach, denn wir handeln schon so lange aus dieser Haltung heraus, dass wir meinen, es sei unsere Identität. Wir haben keine Vergleichsmöglichkeiten. Doch wenn wir einige der häufigsten Symptome verstehen und erkennen können, wird es uns leichter fallen.

1. Launenhaftigkeit und Wutanfälle

Unser regrediertes Kind besitzt nur eine geringe Frustrationstoleranz. Wir tragen eine Menge unbewusster Ängste und Sorgen mit uns herum. Manchmal gelingt es uns, sie zu unterdrücken, doch wenn wir nicht bekommen, was wir wollen oder uns in schwierigen Lebensumständen befinden, können wir leicht aus der Fassung geraten. Die Anspannung, alles „zusammenhalten" zu müssen und die Wut darüber, dass uns das Leben und andere Menschen nicht unterstützen, äußert sich in Launenhaftigkeit und Wütanfällen. Die Spannungen fangen erst an durchzusickern und flammen dann in dem selbstgerechten Zorn darüber auf, dass uns solcherlei Unannehmlichkeiten eigentlich nicht aufgenötigt werden dürften. Die Art und Weise, wie unser regrediertes Kind reagiert, hängt von unserer emotionalen Veranlagung ab.

Manche von uns reagieren nach außen – wir explodieren, werden wütend, rennen aus dem Raum oder versuchen die Person, die uns provoziert hat, äußerlich sichtbar zu bestrafen. Andere hingegen ziehen sich zurück und drücken ihre Verletztheit und Wut dadurch aus, dass sie dem anderen ihre Energie entziehen. Unter Umständen haben wir auch schon resigniert, weil wir so daran gewöhnt sind, von anderen enttäuscht zu werden. Wir leben möglicherweise mit einem Partner zusammen, ohne unsere Gefühle miteinander zu teilen und geraten dadurch in tiefe emotionale Isolation.

All diese Verhaltensweisen sind unterschiedliche Formen des Ausagierens, die dem anderen zu verstehen geben wollen, dass uns etwas schmerzt – was sich ändern soll, damit wir uns besser fühlen.

> Meine (Krish) am tiefsten verwurzelte Reaktionsweise ist völlige Resignation und Rückzug. Wenn ich verletzt bin, verkrieche ich mich in mich hinein, wo niemand mich berühren oder erneut verletzen kann. Oft merke ich nicht einmal, dass ich verletzt bin, sondern werde launisch und reizbar. Ich habe nachgeforscht und herausgefunden, dass ich mich schon früh aus meinem ganzen Familiensystem zurückgezogen habe, weil ich mich nicht gesehen und nicht anerkannt fühlte. Ich wurde zum Außenseiter. Innerlich hatte ich mir gesagt: „Wenn sie nicht sehen können, wer ich bin, dann sind sie eben nicht wirklich meine Familie. Und es tut mir zu weh, als

dass ich noch irgendetwas fühlen oder darüber sagen möchte." Mit dieser Verweigerung zog ich mich zurück und verleugnete meine emotionalen Bedürfnisse und Gefühle.

Mir (Amana) ergeht es sehr ähnlich, wenn ich verletzt bin. Vielleicht werde ich irgendwann wütend, doch meine erste Reaktion besteht darin, mich in mich selbst zu verkriechen und mich körperlich und energetisch von der Person, die mich verletzt hat, zurückzuziehen. Ich habe früh gelernt, dass es gefährlich war, meine Gefühle zu zeigen. Deshalb nahm ich alle Energie nach innen und konnte meine Traurigkeit nur zulassen, wenn ich alleine war. Da mein Vater sich im Grunde wie ein Kind benahm - äußerst emotional und verantwortungslos - musste ich für ihn und seine Gefühle da sein, für meine eigenen Gefühle war da kein Platz. Mit meinem Mann zu leben, der emotional genauso reagiert wie ich und sich zurückzieht, wenn er verletzt ist, ist eine ständige Herausforderung für uns beide. Wir lernen, uns zu überwinden und aus der Resignation herauszutreten, den Mut zu haben aufeinander zuzugehen und zu sagen, was wirklich Sache ist, anstatt im Zustand des Rückzugs, der Isolation und Resignation zu verharren.

2. Verantwortungsloses Verhalten

Auch durch verantwortungsloses Verhalten zeigt sich unser regrediertes Kind in Aktion, etwa wenn wir zu spät oder gar nicht zu Verabredungen erscheinen, Dinge ausleihen und nicht zurückgeben, Durcheinander hinterlassen, das andere dann aufräumen müssen oder uns nicht um die praktischen Dinge des täglichen Lebens kümmern. In der Regel drücken wir in dieser Weise den unbewussten Wunsch aus, jemand anderer möge für uns sorgen. Es mag auch ein Hinweis darauf sein, dass wir mit unser Lebensweise unglücklich sind. Das Kind im Innern ist frustriert und agiert das aus.

Bei Bekannten von uns gibt es eine Beziehungsdynamik, die das sehr anschaulich zeigt. Sie mag es, wenn das Haus aufgeräumt ist. Ihm dagegen ist es völlig egal, ob es ordentlich ist. Er hinterlässt, wo er geht und steht Unordnung. Sie fühlt sich missbraucht, wenn sie hinter ihm herräumen muss, wie eine Mutter hinter einem kleinen Kind. Tatsächlich fühlt sie sich an ihre Mutter erinnert, die sich ihrem Vater gegenüber genauso verhielt und kommt sich schon vor wie ein alter Drache. Sie meint, sie müsse für ihren Mann sorgen, um von ihm geliebt zu werden. Doch wenn er das für selbstverständlich hält, fühlt sie sich ausgenutzt. Unterdessen erkennt er nicht, dass er sich wie ein regrediertes Kind verhält, wenn er überall seine Unordnung hinterlässt, und eigentlich erwartet, dass seine Mutter hinter ihm herräumt. Alles, was er sieht, ist den alten Drachen, der wütend auf ihn ist. Auf diese Weise fühlen sich beide betrogen und beide bleiben tief in den Wunden ihres Misstrauens stecken.

3. Abschalten / Zusammenbruch / Krankheit / Depression

Manchmal fühlen wir uns vom Leben einfach überfordert. In solchen Zeiten übernimmt unser regrediertes Kind leicht die Zügel und versucht eine Möglichkeit zu finden, um der Herausforderung und Verantwortung zu entgehen. Vielleicht schalten wir innerlich einfach ab, werden krank, depressiv oder stellen fest, dass wir einfach keine Energie haben. Dann ist es eine große Hilfe, wenn wir verstehen, dass wir von Furcht überwältigt sind und sollten daher liebevoll mit uns umgehen. Natürlich ist nicht jede Krankheit oder Depression ein unbewusstes Ausagieren des regredierten Kindes, doch oftmals ist es genau das.

> Ich (Krish) habe festgestellt, dass ich mich jedes mal, wenn ich in eine neue Umgebung komme, besonders in eine große Stadt (was bei unsere Arbeit häufig vorkommt), überwältigt fühle und regrediere. Dann sitze ich vor dem Fernseher oder schalte innerlich ab und oft fragt mich meine Frau etwas, ohne dass ich es höre. Dann geraten selbst die kleinsten Alltagsangelegenheiten für mich zu einer Anstrengung. Aber indem ich meine Regression als solche erkenne und mir Zeit nehme, meine Angst zu spüren, komme ich meistens ziemlich schnell darüber hinweg.

Ich (Amana) habe ungeheure Angst, meine Kreativität zum Ausdruck zu bringen und mich zu zeigen. Ich bin in Dänemark aufgewachsen, in einem sehr kleinen Land, indem das Ideal herrscht, dass jeder sich anpasst und sich möglichst wenig hervortut. Als ich mit Workshops anfing, war ich mit enormer Angst und Schamgefühlen konfrontiert. Innere Stimmen sagten mir: „Du hast doch nichts zu geben!", „Wofür hältst du dich denn eigentlich?" usw.

Auf Grund dieser ständigen inneren Attacken, konnte mein regrediertes Kind manchmal die Zügel ergreifen und dafür sorgen, dass ich aufgab. Der Druck war einfach zu stark, ich wurde krank oder war so müde, dass ich mich kaum bewegen konnte. Es hat mich viel gekostet, dieses regredierte Kind zu lieben, auf seine Gefühle zu hören sowie ihm Zeit und Raum zu gewähren, mit der Situation fertig zu werden. Eine zeitlang musste ich es sozusagen an die Hand nehmen und es festhalten, wenn es große Angst hatte sich zu zeigen und die Energie so vieler Leute entgegenzunehmen. Allmählich fiel es mir immer leichter, und inzwischen sind die beschämten Stimmen in meinem Innern verstummt oder so weit weg, dass ich sie kaum noch höre.

4. Sich selbst sabotieren

Manchmal haben wir panische Angst oder sind unglücklich, ohne es zu merken. Dann findet unser regrediertes Kind eine indirekte Art, sich auszudrücken. Es kann zum Beispiel vorkommen, dass wir etwas Wichtiges tun, uns jedoch vor lauter Angst zu versagen, oder auch erfolgreich zu sein, selbst sabotieren. Ein andermal befinden wir uns in einer Situation, in der wir nicht glücklich sind, ohne uns dessen jedoch bewusst zu sein. Dann bringen wir unser Unglück durch unsere Handlungen zum Ausdruck.

Während meines Medizinstudiums hatte ich (Krish) eine schwierige Zeit, denn die Entscheidung, Arzt zu werden, kam nicht wirklich von Herzen. Damals wusste ich nicht, dass meine Berufung die Psychiatrie und die Arbeit mit den Gefühlen und dem seelischen Wachstum von Menschen war und nicht mit ihren körperlichen Problemen. Ich hatte gelernt, dass emotionale Probleme nur auftraten, wenn man sich nicht im Griff hatte. „Echte" Probleme waren körperlicher Art. Das agierte ich aus, indem ich mich um die einfachen Arbeiten eines Medizinstudenten, wie Blut abnehmen, Laborresultate abliefern und so weiter möglichst drückte und auch bei der Patientenversorgung kein Muster an Zuverlässigkeit war. Einmal verließ ich das Krankenhaus, ohne wirklich sicherzustellen, dass eine Patientin mit allem Nötigen versorgt war, weil ich nach Hause wollte, um vor Einbruch der Dunkelheit noch zu joggen. Am nächsten Morgen machte mir der Stationsarzt die Hölle heiß. Er hatte vollkommen recht und ich fühlte mich schrecklich schuldig. Erst Jahre später, als ich Facharzt in der Psychiatrie war, verstand ich mein Verhalten von damals. Mittlerweile liebte ich jeden Aspekt meiner Arbeit und ging völlig in ihr auf.

5. Nach Aufmerksamkeit heischen / nicht zuhören oder sich unsensibel verhalten / mit übertriebenen Leistungen angeben

Wir alle kennen Leute, die wir meiden, weil sie zwanghaft über sich selbst reden und kaum Interesse haben, anderen zuzuhören. Viele von uns können bei sich eine ähnliche Tendenz feststellen, die eigentlich tiefe Schamgefühle und Unsicherheit verdeckt. Aus dieser inneren Unsicherheit heraus prahlen wir vielleicht mit unseren Leistungen und übertreiben, um andere zu beeindrucken. Ja, wir lügen sogar, nur um größer zu erscheinen, als wir uns innerlich fühlen. Diese Art von Größenwahn ist nur die Kehrseite eines Gefühls von Minderwertigkeit und des Wunsches nach Anerkennung und Respekt durch jemanden, den wir bewundern. In diesem Fall hoffen wir die uns fehlende Selbstachtung allein dadurch zu bekommen, dass wir jemandem nahe sind, den wir verehren. Wenn wir mit jemand zusammen sind, der für uns eine Autoritätsperson darstellt, kann das verzweifelte Bedürfnis nach Anerkennung uns dazu treiben, Dinge zu sagen und zu tun, die andere herabsetzen – doch wir können einfach nicht anders.

6. „Godzilla trifft Frankenstein"

Wir alle sind in unserer Kindheit vereinnahmt, verraten und verletzt worden. Dies erzeugt in unseren Beziehungen ein sich wiederholendes Muster von regrediertem Verhalten. Nur allzu oft passt das Muster des einen haargenau in das des anderen, so dass einer die Wunden des anderen auslöst. In unserer Arbeit nennen wir das: „Godzilla trifft Frankenstein" zwei regredierte, misstrauische Kinder, jedes in seinem eigenen Film, stehen sich im Boxring gegenüber, wo beider Wunden heraufbeschworen wurden und beide sich zutiefst missverstanden und ungeliebt fühlen. In einer solchen Situation kann keiner den anderen hören oder verstehen. Beide sind in einer Art Trance regressiven Misstrauens verloren gegangen, die von einer primären Wunde herrührt.

> Ein eng befreundetes Paar erzählte uns von einer Szene, die sich bei ihnen stets wiederholt. Immer wenn sie zu einer Party gehen, fühlt sie sieh sehr unsicher. Sie ist überzeugt, dass der Spaß einzig auf seiner Seite ist, er alle Aufmerksamkeit auf sich zieht und auch mit anderen Frauen flirtet. Er seinerseits genießt die Gesellschaft anderer, auch der von Frauen, und möchte nicht kontrolliert werden. Die Situation ist wie geschaffen für ihre tiefsten Wunden: Sie fühlt sich verlassen, er fühlt sich kontrolliert. Im Verlauf des Abends wird sie immer eifersüchtiger und unglücklicher. Schließlich möchte sie gehen. Er genießt den Abend und möchte nicht gehen, wenn sie gehen will. Wenn sie schließlich im Auto sitzen, um nach Hause zu fahren, flippt sie aus. Sie wirft ihm vor, dass er so abweisend ist, sich andern Frauen zuwendet und sowieso ein kompletter „Schwachkopf" ist. Er fühlt sich völlig missverstanden und vereinnahmt, denn aus seiner Sicht hat er nur den Abend genossen und nichts getan, was sie verletzen könnte. Für die Frau lebt in dieser Situation ein alter Albtraum wieder auf. Ihr Vater war Psychiater und hatte nie Zeit für sie; sie hatte immer das Gefühl, um seine Aufmerksamkeit betteln zu müssen. Der Mann hatte eine herrische und Besitz ergreifende Mutter. Er misstraut Frauen, weil er davon ausgeht, er müsse seine Freiheit vor ihren Übergriffen schützen. Aus der Perspektive

ihrer regredierten Kinder haben sie beide Recht. Sie fühlt sich vernachlässigt und er fühlt sich vereinnahmt. Doch bei genauerem Hinsehen wird den beiden auch klar, dass die gegenwärtige Situation die Wiederaufführung eines alten Stückes ist und ihr Zusammensein ihnen ermöglicht, mit ihren Wunden in Kontakt zu kommen, sie zu spüren und zu heilen. Aus eigener Erfahrung und durch die Arbeit mit vielen Paaren wissen wir, dass die Menschen, die uns in unserem Leben wichtig sind, immer unser tiefstes Misstrauen hervorrufen. Dadurch bekommen wir Gelegenheit, etwas zu fühlen und zu heilen, was in der Vergangenheit nicht heilen konnte.

7. Suchtverhalten

Eine der stärksten Äußerungen unseres regredierten Kindes ist das Suchtverhalten. Unter Suchtverhalten verstehen wir alles, was wir tun, um nicht mit unseren Ängsten oder Schmerzen in Berührung zu kommen. Fast jeder legt die eine oder andere Art von Suchtverhalten an den Tag, etwa durch Konsum von Alkohol, stimmungsverändernden Drogen, Essen, Nikotin oder Koffein. Auch Fernsehen und Filme, Einkaufen oder ständiges Beschäftigtsein kann eine Sucht sein, ebenso Routine, als ein Mittel unser Leben so zu strukturieren, dass wir zu unbewussten Robotern werden. Suchtverhalten kann sich darin äußern, dass wir uns isolieren oder im Gegenteil, zwanghaft gesellig sind.

Mein Vater (Krish) war ein äußerst sensibler, introvertierter Mann, der es ohne ein Gerüst von Routine und Gewohnheiten kaum aushielt. Nach seiner Pensionierung wurde er Berufsmusiker und verbrachte einen Großteil des Tages damit, Fagott zu üben. Er plante jeden einzelnen Tag nach einem bestimmten Schema – Lesen, Tennisspielen, Üben, Musik hören – und nahm währenddessen von den Menschen um sich herum kaum Notiz. Das funktionierte gut für ihn, diente aber gleichzeitig dazu, seine außerordentlichen Schwierigkeiten zu verdecken, Gefühle auszudrücken und sich andern Menschen mitzuteilen, nicht einmal den allernächsten. In vieler Hinsicht habe ich diese Art von meinem Vater übernommen. Erst als ich merkte, dass solche Gewohnheiten, mich daran hinderten, anderen nahe zu kommen, veränderte sich etwas in mir. Drogen haben mich nie gereizt, weil ich sehr diszipliniert bin – das habe ich von meinem Vater. Doch genau wie bei ihm wurden auch bei mir Routine und Gewohnheit zur Sucht. Sie sind Ausdruck von Misstrauen und großer Schüchternheit. Heute kann ich leichter erkennen, wann ich diese Gewohnheiten dazu benutze, nicht in Beziehung zu treten – besonders mit meiner Frau. Ich spüre, wie sie einen Abstand schaffen, und das tut weh.

Suchtverhalten ist ein Versuch unseres regredierten Kindes, sich selbst zu nähren. Zusammen mit Scham und Schock hat die Sucht jedoch auch etwas enorm Selbstzerstörerisches. Wir versuchen irgendwie die innere Leere zu füllen. Aber wenn wir merken, dass wir damit unserem Körper schaden oder unser emotionales und spirituelles Wachstum behindern, hassen wir uns gleichzeitig dafür. Große Einsicht und tiefes Mitgefühl für uns selbst sind nötig um Suchtverhalten zu durchbrechen und durch erfüllende, gesunde Tätigkeiten zu ersetzen.

Mit Liebe und Verständnis beobachten
Wenn wir unserem regredierten Kind und dessen Verhaltensweisen Liebe und Verständnis entgegenbringen, dann lässt die Panik nach und unsere Reaktionen treten seltener auf. Im Inneren entsteht Raum, der groß genug ist, um die Gefühle dieses verwundeten Teils aufzunehmen. Dann müssen wir diese Gefühle nicht mehr unbedingt ausagieren. Das ist ein Prozess, der seine Zeit braucht, sich aber stetig weiterentwickelt, wenn wir ihn nicht unterdrücken oder unsere Ängste unter einem spirituellen Mäntelchen verbergen.

Wenn wir uns beobachten und bereit sind, uns kennen zu lernen, dann wächst unsere Bewusstheit. Dann gibt es nicht nur das Kind, das reagiert und immer wieder aufs Neue Szenarien von

Distanz und Misstrauen erschafft sowie anderen die Schuld gibt. Allmählich wird es uns gelingen, unsere Verhaltensmuster zu erkennen und auch die Situation und die Art von Menschen zu erkennen, die unser regrediertes Kind auf den Plan rufen. Wir merken, wann das Kind die Zügel ergreift. Das ist mit einem bestimmten Gefühl verbunden, und wir können lernen, dieses Gefühl zu erkennen, wenn es auftaucht. Manchmal haben wir die Wahl, auszuagieren, ein anderes Mal haben wir diese Freiheit nicht. Unserer Erfahrung nach besteht die eigentliche Kunst darin, uns zu beobachten und das Gesehene zu akzeptieren – ohne irgendwo sein zu wollen, wo wir nicht sind und ohne zu meinen, wir sollten anders sein.

Dazu gehört Mut, weil es schmerzhaft ist, unsere starken Reaktionen und Stimmungswechsel mit anzusehen. Auch die Unzufriedenheit zu spüren tut weh, ebenso wie die Ablehnung und Missbilligung einzustecken, mit der andere darauf reagieren, dass wir uns benehmen wie ein Kind. Wenn wir uns selbst mit Mitgefühl und Verständnis begegnen, entsteht allmählich mehr innerer Raum. Wenn wir es zulassen, die entstandene Angst und den Schmerz wirklich zu spüren, dann verändert sich die Energie und ein Reifeprozess beginnt.

Wir befürworten hier nicht, in regredierten Gefühlen und Verhaltensweisen zu schwelgen, sondern eher eine feine Balance anzustreben, wobei sie weder unterdrückt werden, noch man in ihnen versinkt. Es geht um die Bereitschaft, die Wurzeln des regredierten Kindes in uns zu identifizieren, zu erforschen und zu verstehen.

> Zum Schluss ein Beispiel aus unserem eigenen Leben. Vor kurzem hatte meine Frau eine kleine Operation am Fuß. Nach der Operation hatte sie noch wochenlang Schmerzen und konnte kaum etwas tun. Ich musste sie versorgen und alle anfallenden praktischen Arbeiten im Haus erledigen. Mir war nie klar gewesen, wie viele es davon gibt, bis ich gezwungen war, sie

alle selbst zu tun. Ich merkte bald, wie es mir zusetzte, soviel zu tun zu haben und obendrein nicht in der Lage zu sein, ihre Sehmerzen zu lindern. Nicht genug damit: Mittendrin hatten wir auch noch eine dreitägigen Workshop. Ich verurteilte mich dafür, dass ich kein fürsorglicherer und geduldigerer Pfleger war. (Ärzte sind, glaube ich, generell schlechte Pfleger) Dann erinnerte ich mich daran, dass meine Mutter, als ich sieben Jahre alt war, ein Jahr lang mit einer schweren Tuberkulose im Krankenhaus gelegen hatte. Ich wurde von einem Dienstmädchen und meinem Vater versorgt, der aber die meiste Zeit arbeitete. Die Gefühle der Verlassenheit aus diesem Alter, in dem ich sehr verletzbar war, hatte ich damals unterdrückt. Es half mir sehr, diese Erinnerung wieder auszugraben. Jetzt verstand ich, warum Amanas Verletzung mein regrediertes Kind so stark provoziert hatte. Plötzlich war sie nicht mehr so für mich da wie vorher: Fürsorglich, tüchtig und aufmerksam hatte sich sonst immer um mich und die Einzelheiten des täglichen Lebens gekümmert.

Im Zustand der Regression haben wir vielleicht nicht die Möglichkeit, unser Ausagieren zu verhindern. Doch wir haben immer die Möglichkeit, aus der Erfahrung zu lernen.

TEIL 2

AUS DEM SCHEINVERTRAUEN AUSBRECHEN

5. Kapitel

„Die Kiste": Das Gefängnis unserer Konditionierung

WIR HABEN FESTGESTELLT, DASS WIR NOCH SO VIEL AN UNS ARBEITEN KÖNNEN, solange wir den Schritt der Abnabelung nicht vollziehen, können wir nicht lernen, uns selbst zu vertrauen – und anderen ebenso wenig. Unter „Abnabelung" verstehen wir einen Lernprozess, bei dem wir uns selbst auf eine Weise kennen lernen, die nicht von unserer alten Konditionierung beeinflusst ist.

Dieser Prozess erfordert großen Mut. Um die Bedeutsamkeit dieser Trennung verständlich zu machen, besprechen wir zunächst einmal die Macht der Konditionierung, das, was wir die „Kiste" nennen.

> Ich (Krish) erinnere mich an eine Begebenheit in meinem letzten Schuljahr, die mich sehr betroffen machte. Einer meiner Mitschüler gehörte zu den besten in meiner Klasse, obwohl er nie Hausaufgaben machte. Er war meistens für sich. Nach der Schule konnte man ihn gewöhnlich allein in einem kleinen Café um die Ecke antreffen. Ich hielt ihn immer für einen interessanten Typen, ging ihm aber gewöhnlich aus dem Wege, weil er mir ein bisschen merkwürdig vorkam. Außerdem war ich zu sehr damit beschäftigt, mich als Klassenbester und als bester Sportler der Schule zu profilieren. Eines Tages kam ich auf dem Heimweg zufällig am Café vorbei. Ich beschloss auf einen Plausch hineinzugehen und setzte mich an seinen Tisch.
> Eine zeitlang schwieg er, dann sagte er plötzlich: „Merkst du nicht, dass das alles Quatsch ist?"
> „Was ist Quatsch?", fragte ich.
> „Das Zeug, das du die ganze Zeit machst – der Beste sein zu wollen, allen Lehrern in den Hintern zu kriechen – dein ganzer Trip ist Quatsch,

kapierst du das nicht? Für wen, zum Teufel, tust du das alles?"
„Für mich. Ich will auf ein gutes College."
„Mann, siehst du denn nicht, dass du nur ein Roboter bist? Herr Gott, du bist doch sonst so clever! Kapier's doch endlich und hör auf mit dem dummen Spiel!"
Damals hatte ich keine Ahnung, wovon er sprach, und nach der Abschlussprüfung verlor ich ihn aus den Augen, aber diese Unterhaltung habe ich nie vergessen. Ich vermute, dass er selber durch eine emotionale Krise ging. Jahre später wurde mir bewusst, dass er damals bereits etwas verstanden hatte, das ich erst nach dem College zu entdecken begann.

Die meisten Menschen haben den Kontakt mit sich selbst verloren. Wir haben unsere Selbstachtung verloren und leben unser Leben nach dem Willen anderer. Und sobald wir den Kontakt mit uns selbst verlieren, vertrauen wir unserer eigenen Intelligenz nicht mehr.

Die Kiste

Als Kind brauchen wir tatsächlich Orientierung und Anleitung. Wir müssen die Welt, die wir entdecken, irgendwie verstehen und brauchen Anhaltspunkte dafür, was richtig und was falsch ist. Unsere Eltern und im weiteren Sinne die Kultur, in der wir aufwachsen, geben uns – in unterschiedlichem Ausmaße – Verhaltensregeln und einen Moralkodex an die Hand, nach denen wir uns ausrichten. Auf diese Weise vermitteln sie uns das, von dem sie ehrlichen Herzens annehmen, es sei für uns das Beste, damit wir zu guten und glücklichen Menschen werden.

Allerdings gibt es da einige Probleme. Zum einen werden die Anleitungen, die Regeln und die Moral, die man uns mitgegeben hat, nie wirklich unsere eigenen, wenn wir sie nie hinterfragen. Dann befolgen wir etwas, das uns andere gesagt haben, anstatt nach unserer eigenen Einsicht und unserer eigenen

Intelligenz zu leben. Zum zweiten beruht die Orientierung, die wir bekommen, zum großen Teil auf Furcht, Unterdrückung und unbewussten Konventionen. Und zum Dritten mögen diese Regeln und Lebensweisen für unsere Eltern und Lehrer bestens geeignet sein, jedoch nicht unbedingt für uns.

Als Kind haben wir nicht das Bewusstsein oder die Fähigkeiten, die vorgegebenen Regeln oder Werte infrage zu stellen. Wir übernehmen sie einfach unbewusst und passen uns ihnen an, ohne zu verstehen, was wir tun. Viele von uns wachsen im Glauben an diese anerzogenen Werte oder Moralvorstellungen auf, ohne sie zu prüfen und ohne die Grenzen zu erkennen, die sie unserem Leben setzen.

Wir alle besitzen eine innere Stimme, die uns sagt, was für uns richtig ist, wie wir leben wollen und leben müssen, um uns gerecht zu werden. Wenn wir darin bestärkt werden, auf diese Stimme zu hören, dann entwickeln wir auch die Fähigkeit, unser Leben entsprechend zu gestalten. Aber die meisten von uns nehmen diese Stimme kaum noch wahr, weil wir dazu erzogen wurden, nicht auf sie zu hören. Wir haben gelernt, auf diejenigen zu hören, „die wissen, was gut für mich ist".

Ein Kind, das nicht darin unterstützt wird, seinen eigenen Gefühlen und Wahrnehmungen zu vertrauen, verliert seine wertvolle Selbstachtung und Stärke und entwickelt Unsicherheit und Schamgefühle. Anstatt uns zu lehren, unsere eigene Intelligenz zu entwickeln, vermittelt man uns eine fertige Moral. Die meisten Eltern sind der Ansicht, ihre Kinder würden zu schlechten Menschen werden, wenn sie ihnen keine klaren Moralvorstellungen mitgeben. Doch ein Kind, das geliebt, unterstützt und ermutigt wird mit Hilfe seiner ursprünglichen Intelligenz eigene Werte zu entwickeln, wird ein gesünderer, stärkerer und mitfühlenderer Mensch werden.

Wir nennen die Verhaltensregeln, die Werte und Maßstäbe, die uns als Kind mitgegeben werden, die „Kiste".

Bildlich gesprochen erhält jeder von uns eine Kiste und man gibt uns verbal oder nonverbal zu verstehen, dass wir nur dann mit Liebe, Respekt und Anerkennung rechnen können, wenn wir in unserer Kiste leben und in einer bestimmten Weise denken und handeln. Mit dieser Kiste gehen gewisse Regeln und Wertvorstellungen einher, die festlegen, was ein guter Mensch ist und was uns Liebe, Erfolg und Respekt verschafft. Es ist so, als säßen wir in unserer Kiste und auf den vier Wänden stünden die Regeln und Moralvorstellungen geschrieben, nach denen wir leben sollen.

In gewisser Weise ist es beruhigend, wenn man sich auf bestimmte Maßstäbe und moralische Regeln beziehen kann. Das gibt uns Sicherheit und die Gewissheit, dass wir „in Ordnung" sind, wenn wir sie befolgen. Außerdem gibt uns die Kiste eine Identität, ein gewisses Gefühl dafür, wer wir in dieser Welt sind, welche Rolle wir spielen und wie wir sein sollen.

> Ich (Krish) habe als Kind ziemlich komfortabel in meiner Kiste gelebt und wäre nie auf die Idee gekommen, in irgendeiner Form eingeschränkt zu sein. Alles war so bequem. Ich habe gelernt, dass Eltern wissen, was gut für einen ist, und dass man am besten auf sie hört und ihren Anleitungen folgt. Wenn unsere Kiste bequem ist, brauchen wir oft länger, um endlich auszubrechen. So bequem sie war, sie hatte leider wenig damit zu tun, wer ich im Innersten war oder was ich an Unterstützung brauchte, um mich selbst zu finden.

> Bei mir (Amana) lief es anders. Allein schon deshalb, weil ich nie einen Vater hatte, war es in meiner Kiste nicht so bequem und es fiel mir leichter, die Lügen zu durchschauen.

Die Filme „Pleasantville" und „Die Truman Show" zeigen wir oft in unseren Gruppen. Sie stellen den ganzen Vorgang in beeindruckender Weise dar – wie man in der Kiste aufwächst und eine falsche, aber angepasste Identität erhält. Auch wenn wir ein Gefühl der Leere haben oder dass irgendetwas ganz falsch läuft, können wir es nicht benennen, wenn wir uns nie aus der Kiste herausgewagt haben. Alles, was wir kennen, ist diese Kiste. In diese Kiste gesteckt worden zu sein ist ein großer Verrat an unserer Essenz und an unserem Wesen und es beschneidet unser Potenzial und unsere Entfaltung. Innerhalb der Kiste können wir keine wirkliche Erfüllung finden.

Der Konflikt zwischen dem Verlangen nach Wahrheit und der Angst vor Veränderung

Es gibt einen äußerst wirksamen Mechanismus, der uns davon abhält, aus der Kiste auszusteigen oder wenigstens zu erkennen, dass wir drinstecken. Wenn wir uns von den vorgegebenen Regeln und Konventionen entfernen, dann ist es sehr wahrscheinlich, dass uns heftige Angst- und Schuldgefühle überfallen. Diese Gefühle entbehren oft jeder vernünftigen Grundlage. Sie gehen auf frühkindliche Ängste zurück, von den Menschen verbannt zu werden, die wir lieben und zum Überleben brauchen.

> In einem Workshop in Japan hatten wir an einen Nachmittag intensive bioenergetische Übungen gemacht. Sie sollten die Teilnehmer ermutigen, aus ihrer Kiste auszusteigen. Eine Frau erzählte, dass es ihr fürchterlich Angst machte, die Regeln in Frage zu stellen und die Unterstützung ihrer Familie und ihrer Freunde zu riskieren. Wir fragten sie, was denn ein Freund eigentlich sei. Sie sagte, für sie sei ein Freund jemand, mit dem man seine Zeit verbringe. Ihr war noch nie der Gedanke gekommen, dass möglicherweise einige Leute, mit denen sie ihre Zeit verbringt, ihre Entfaltung als einzigartiger und sich selbst liebender Mensch nicht unterstützten, und daher vielleicht gar nicht ihre Freunde waren.

Innere Arbeit ist gefährlich, denn sie weckt unsere Intelligenz und wir machen die Entdeckung, dass viele der Regeln, die wir unbewusst übernommen haben und befolgen, uns nicht länger dienlich sind. Wir entdecken, dass vieles, was wir bisher automatisch getan haben, uns jetzt nicht mehr interessiert. Diese Einsicht kann große Angst auslösen, weil sie Konsequenzen mit sich bringt: Wir werden einige radikale Veränderung in unserem Leben vornehmen müssen. Oft werden wir dann zwischen dem Verlangen nach Wahrheit und der Angst vor Veränderung hin und her gerissen. Diesem Konflikt begegnen wir in unserer Arbeit ständig. Jemand kommt in die Gruppe und beginnt, die Wertvorstellungen seiner Kiste in Frage zu stellen, doch zu Hause ist er wieder dem Druck der Konventionen und der Menschen ausgesetzt, mit denen er lebt. Dann überfällt ihn so große Angst, die Arbeit fortzusetzen, dass er abbricht.

Viele Leute buchen einen Workshop und sagen im letzten Augenblick wegen „Krankheit" oder „familiären Verpflichtungen" ab. Es kommt auch häufig vor, dass jemand beginnt an sich zu arbeiten und die Kiste, in dem er oder sie aufgewachsen ist, zu hinterfragen. Dann spürt er, dass seine Beziehung gefährdet wäre, wenn er weitermachen würde, und hört auf.

Andere Leute merken, dass eine kritische Auseinandersetzung mit der Kiste die Beziehung zu Eltern und Familie gefährden würde, und dieses Risiko erscheint ihnen zu groß. Solche Ängste sind nur allzu verständlich.

Viele von uns haben fürchterliche Angst, die Glaubensvorstellungen und Werte, mit denen wir gelebt haben, anzutasten. Dennoch, wenn wir ein wenig von der Süße der Wahrheit und der Freiheit gekostet haben, werden wir sie nie mehr vergessen; sie verfolgt uns. Wenn man die Begrenzungen, in denen man lebt, einmal erkannt hat, ist es schwierig, einfach wie ein Roboter weiterzuleben, den Schmerz nicht zu spüren, den diese Lebensweise auslöst, und weiterhin kostbare Zeit zu verschwenden.

> Die Anziehungskraft der Wahrheit ist stärker als die Anziehungskraft der Angst und der Sicherheit. Doch der Unterschied ist minimal. Wir witzeln manchmal darüber, dass die Wahrheit oft nur um Sekundenbruchteile siegt.

Unsere Konditionierung anzufechten und durch eigene Intelligenz zu ersetzen ist unserer Erfahrung nach ein langwieriger Prozess. Vielleicht ist dies der Schritt, der uns mehr Angst macht als alles andere im Leben. Ohne vorgegebene Regeln zu leben macht Angst.

Es passiert oft, dass wir unsere ursprüngliche Kiste aufgeben und durch eine neue ersetzen, deren Regeln wir dann genauso unbewusst befolgen. Aber vielleicht ist dieser Schritt notwendig, um überhaupt aussteigen zu können. Am Ende haben wir genug Selbstvertrauen und Zuversicht gewonnen, um in jedem Augenblick unseres Lebens unserer eigenen Intelligenz zu folgen. Wir sind dann fähig, aus dem Hier und Jetzt heraus auf eine Situation zu antworten – nicht auf Grund einer Vorstellung, die wir in der Vergangenheit übernommen haben – und können ohne die Kiste leben.

Unsere Kiste identifizieren

Die Erkenntnis, überhaupt in einer Kiste zu stecken, ist der erste Schritt hinaus. Dieser Augenblick kann der Anfang einer langen Reise der Selbsterforschung sein. Unsere eigene Kiste können wir identifizieren, indem wir uns bestimmte Fragen stellen:

1. Was mussten wir tun, und was machen wir heute noch, um Liebe und Aufmerksamkeit zu bekommen?

2. Was haben wir über die Eigenschaften eines guten

Menschen gelernt? Welche Eigenschaften hat, unserer heutigen Vorstellung nach, ein guter Mensch?

3. Welche Rolle mussten wir früher spielen oder spielen wir heute noch, um vor uns selbst zu bestehen oder Respekt und Anerkennung zu bekommen?

4. Was war erlaubt und was nicht – beispielsweise in der Sexualität, beim Ausdruck von Wut, Kreativität, Freude, Traurigkeit oder anderen Gefühlen? Für welche Gefühle verurteilen wir uns heute in unserem Leben?

Neulich hatte ich (Krish) eine Sitzung mit einem intelligenten und erfolgreichen italienischen Geschäftsmann. Sein Problem war, dass er sich sexuell nicht mehr zu seiner Frau hingezogen fühlte und Affären mit anderen Frauen hatte. Besonders eine Bekanntschaft bedeutete ihm viel und er verbrachte immer mehr Zeit mit dieser Frau. Als ich ihn fragte, ob er seiner Frau davon erzählt habe, stutzte er. Es ging über sein Vorstellungsvermögen hinaus, sein Geheimnis preiszugeben. „Das würde ihr zu weh tun", meinte er.

Nach und nach erkannte er, dass er Angst davor hatte, ehrlich zu sein, und dadurch die „Harmonie" seiner Ehe und Familie zu gefährden. Er war nicht bereit ehrlich zu sein und konnte auch nicht verstehen, welchen Preis er für seine Unehrlichkeit zahlte. Während seiner Kindheit hatte sein Vater ständig Affären gehabt, worüber seine Mutter sich bei meinem Klienten, ihrem einzigen Sohn, immer beklagt hatte. Jetzt lebt er genauso unehrlich wie damals sein Vater und hat Schuldgefühle, aber auch nicht den Mut, sich zu befreien. Er opfert seine Selbstachtung und seine Würde, ohne die er seine Selbstliebe und Reife nicht entwickeln kann. Die panische Angst davor, ehrlich zu sein, ist zu groß, und so zieht er es vor, in seiner Kiste der Unaufrichtigkeit zu bleiben – mit der Identität eines Menschen, der nicht stolz auf sich sein kann.

Die Arbeit mit Wut und Kummer

Wenn unsere Fantasien zerbröckeln und wir die negativen Aspekte unserer Konditionierung wahrnehmen, sind wir meistens eine Zeit lang voller Wut darüber, dass wir unterdrückt und mundtot gemacht wurden und eine falsche Moral aufgezwungen bekamen. Diese Wut weckt unsere innere Stärke und hilft uns, unser Vertrauen wieder zu finden. Sie ist eine gesunde Energie, die uns von Jahren der Nachgiebigkeit und der Zugeständnisse reinigen kann. Die Wut darüber, wie Unschuld und Vertrauen des Kindes erstickt und missbraucht wurden, richtet sich nicht nur gegen unsere Eltern, sondern auch gegen die Gesellschaft, in der wir aufwuchsen. Sie richtet sich gegen die repressiven Werte und gegen entmutigende Erziehungsmaßnahmen, die unsere Eltern nicht in Frage stellen konnten. Tatsächlich ist diese negative Konditionierung so machtvoll und durchzieht unser ganzes Leben, dass wir sie meistens erst dann in Frage stellen, wenn wir merken, dass unser Leben nicht mehr funktioniert.

> Als ich (Krish) meine Facharztausbildung in der Psychiatrie begann, wurde mir klar, dass ich eine Welt betrat, in der ich wahrscheinlich mit vielen konservativen Vorstellungen über die Ursachen emotionaler Probleme konfrontiert werden würde. Ich muss zugeben, dass ich die Dinge von Anfang an aus der Perspektive des wütenden Rebellen sah. In der scheidenden Oberärztin traf ich eine verwandte Seele. Genau wie ich war sie an Therapie interessiert und hielt wenig von dem biologischen Ansatz. Kurz nachdem wir uns begegnet waren, gab sie mir Alice Millers Buch „Das Drama des begabten Kindes". Ich las das Buch an einem Abend durch und verschlang anschließend alles, was Miller sonst noch geschrieben hatte. Diese Ärztin zeigte mir anschließend die Arbeiten von Heinz Kohut - ich war begeistert! Durch diese Lektüre verstand ich wie noch nie zuvor, wie ein Kind durch „ganz normale" Konditionierung traumatisiert wird. Grob vereinfacht sagte Kohut: Wenn ein Kind die positive Widerspiegelung erhält, die es braucht, entwickelt es ein Gefühl seiner Selbst, ein Gefühl von Authentizität und die

Fähigkeit, sein Potenzial zu entfalten. Positives Spiegeln bedeutet, dass ihm sein wahres Selbst und sein Potenzial widergespiegelt wird. Werden sein wahres Selbst und sein Potenzial jedoch nicht widergespiegelt, dann zerfällt seine Persönlichkeit in Teilpersönlichkeiten und es entwickelt Gefühle von Scham und tiefer Unsicherheit. Das Kind kompensiert diese tiefe Scham, indem es ein falsches Selbst aufbaut und übermäßig narzisstisch und egozentrisch wird. Genauso, wie Kohut es beschrieb, war ich: narzisstisch und egozentrisch. Nach außen hin kompensierte ich und innerlich war ich zutiefst unsicher. Diese Entwicklung konnte ich auch bei vielen Patienten beobachten, mit denen ich arbeitete.

In der Psychiatrie (besonders im Lehrplan der Universität von Kalifornien, wo ich studierte) gibt es einen starken Trend weg von Therapie und den psychologischen Ursachen emotionaler Störungen hin zu biologischen Ursachen. Dieser Ansatz rief den Rebellen in mir auf den Plan. Ich spürte, wie süchtig die westliche Gesellschaft nach schnellen Lösungen war. Die emotionale Arbeit geht tief und braucht Zeit und der biologische Trend schien zu propagieren, dass wir nur eine Pille zu schlucken bräuchten und schon wären unsere Ängste und Sorgen verschwunden. Außerdem schien er mir von der wirklichen Lösung abzulenken, bei der es darum geht, die Bewusstheit der Gesellschaft anzuheben und die Erziehungsmethoden zu verbessern. Ich hatte auch den Eindruck, dass dieser Trend die falsche Vorstellung unterstützte, dass die Ursachen von Problemen in der Biologie und nicht in der sozialen Konditionierung, im familiären Umfeld und in Schule zu suchen sind. Alice Millers Arbeit bestätigte, was auch ich für wahr hielt: Sie zeigte auf, dass die Gesellschaft das Kind durch Repressionen und Gewalt unterdrückt und vertritt den Standpunkt, dass der konventionelle Weg, emotionale Probleme zu behandeln, diese Misshandlung nur unterstützt. Auch die Abwehr der Versicherungen, Therapien zu bezahlen und das Geld, das die psychiatrischen Abteilungen von den Pharmakonzernen erhielten, unterstützten den biologischen Ansatz in der Psychiatrie.

Ich erinnere mich an eine schmerzliche Begebenheit, als ich während meiner Zeit als Facharzt dieser Situation gegenüber stand. Ich behandelte einen Jugendlichen, der wegen Depressionen eingeliefert worden war. (Am stärksten lehnte ich die konventionelle Psychiatrie bei Kindern und Jugendlichen ab, weil ich das Gefühl hatte, dass oft gerade die feinfühligsten Kinder und Jugendlichen Schwierigkeiten hatten, weil sie der Gewaltsamkeit ihrer Konditionierung nicht gewachsen waren.) Ich sprach täglich mit dem Jugendlichen und erfuhr so seine Geschichte. Er war ein äußerst sensibler Junge, der sich von seinem Vater unter Druck gesetzt fühlte, in der Schule und im Sport hohe Leistungen zu erbringen. Es war einfach zu viel für ihn, und er hatte sich nach innen zurückgezogen. Ich wurde aufgefordert, den Fall in einer Konferenz der psychiatrischen Abteilung darzustellen, wo er anschließend von den Oberärzten diskutiert und eine Behandlung festgelegt werden würde.

Nachdem ich dargelegt hatte, warum der Junge eingeliefert worden war und wie er sich in den zwei Wochen hier entwickelt hatte, drehte sich die Diskussion hauptsächlich um biologische Besonderheiten und Depressionstests, die ohnehin nicht viel aussagen. Von der psychodynamischen Problematik war kaum die Rede. Anschließend kamen alle zu dem Ergebnis, dass er auf Antidepressiva gesetzt werden sollte, und die restliche Zeit verbrachten sie damit, über die Art des Medikaments zu diskutieren. Ich rastete aus. Erstens sah ich, dass ich Fortschritte mit ihm machte, und zweitens hielt ich es für völlig falsch, ihm Medikamente zu geben. Es erschien mir wie eine Sanktionierung des Missbrauchs seiner Erziehung und lenkte den Blick ab von dem, was eigentlich hätte geschehen müssen, nämlich eine Behandlung der ganzen Familie. Als ich heftig widersprach und meinen Standpunkt klar machte, meinten die Anwesenden, ich sei wohl nicht ganz bei Trost, ihre Ansichten auch nur infrage zu stellen.

Ein anderes Mal – ich arbeitete immer noch auf der Station für Heranwachsende – hatten wir eine Konferenz über die Musik, die die Kinder hörten. Es war Musik voller Wut, voller Obszönitäten und eine einzige

Rebellion gegen die bürgerlichen Konventionen. Die leitenden Ärzte waren der Meinung, diese Musik hätte eine destruktive Wirkung, weil sie zum Ausagieren und zur Gewalttätigkeit anregte. Ich hätte kaum gegenteiliger Meinung sein können. Ich war der Ansicht, dass diese Musik den Jugendlichen eine wichtige Möglichkeit zu Katharsis gab, da sie nicht nur ihre eigenen Schattenseiten zum Ausdruck brachte, sondern auch die Schattenseiten ihrer Eltern. Die Musik offenbarte ihren untergründigen Zorn über die ganze Unterdrückung und Kontrolle, mit der sie aufwachsen mussten, und darüber, dass sie mit so vielen Regeln und falscher Moral voll gestopft worden waren. Auch über dieses Thema gab es heftige Auseinandersetzungen. Ich glaube, die Ärzteschaft war froh, als ich schließlich das Examen machte.

Für ein Kind, das so viel gelitten hat, ist Wut oft nur eine Tür zu einem tiefen Gefühl von Traurigkeit und Kummer. Manchmal haben wir diesen Schmerz so weit weggesteckt, dass wir ihn bestenfalls bei anderen fühlen können, besonders bei Kindern. Nachdem wir viele Jahre lang einen Panzer um unser verwundetes Herz gelegt haben, ist es nicht so einfach, ihn abzulegen und die innere Verwundung zu spüren.

Bei vielen von uns sitzt der Schock so tief, dass viel Geduld und liebevolle Anerkennung nötig sind, um wieder mit dem verwundeten inneren Wesen in Kontakt zu kommen und den Schmerz tatsächlich zu fühlen. Vielleicht brauchen wir erst einmal nur eine Menge Zeit, um einfach den Schock im Innern zu spüren. Manchmal kann ein Film oder eine Geschichte die Tür zu unserem eigenen Kummer öffnen. Auch der Anblick eines hilflosen Tieres oder eines Kindes, das leidet oder misshandelt wird, kann einen Anstoß geben.

Der Schmerz, den wir außen sehen, ist ein Spiegelbild unseres eigenen Schmerzes, und diese Art von Identifizierung kann unseren eigenen Gefühls- und Heilungsprozess in Gang setzen. Das Hinterfragen unserer Konditionierung und das Erforschen der Kiste, in der wir aufgewachsen sind, bedeutet nicht, dass wir an der Wut und dem Groll festhalten müssen. Aber wahrscheinlich müssen wir diese Wut aufwecken, um mit unserer verloren gegangenen Kraft in Verbindung zu treten. Wir brauchen unsere Kraft, um im Hier und Jetzt zu leben und uns vor allem zu schützen, was sich falsch anfühlt. Diese Stärke bringt uns im Laufe der Zeit an einen Punkt, wo wir echte Dankbarkeit und Wertschätzung für alles empfinden, was wir von unseren Eltern oder anderen Bezugspersonen bekommen haben.

Wenn wir unsere Kraft zurückgewinnen, können wir automatisch auch die Illusion darüber loslassen, dass wir ein Opfer schlechter Konditionierung sind. Jeder bekommt eine „schlechte" Konditionierung in dem Sinne, dass sie unaufgeklärt ist. Doch sobald wir unserer eigenen Intelligenz folgen, sind wir kein unbewusster Klon mehr. Die Konditionierung infrage zu stellen bedeutet auch nicht, dass wir sie in ihrer Gesamtheit ablehnen. Es bedeutet lediglich, dass wir die Aspekte ablehnen, die nicht länger zu uns passen, weil sie nicht unserer eigenen Wahrheit und Intelligenz entsprechen.

6. Kapitel

Das Kamel, der Löwe und das Kind: Die Entwicklungsstadien nach Friedrich Nietzsche

NACHDEM WIR DAS GEFÄNGNIS UNSERER KONDITIONIERUNG UNTER DIE LUPE genommen haben, können wir uns nun dem Prozess der Abnabelung zuwenden – „aus der Kiste auszusteigen." Der große deutsche Philosoph Friedrich Nietzsche beschreibt drei Stadien der Entwicklung des menschlichen Bewusstseins. Das erste nennt er das Stadium des „Kamels". Es ist das Stadium kindlicher Konditionierung, in dem wir die Werte, die Denk- und Verhaltensmuster unserer Eltern und Vorfahren übernehmen. Als Kamel bekommen wir die Weisheit der Vergangenheit übertragen. Aber gleichzeitig nehmen wir auch die Unbewusstheit, die Vorurteile und Repressionen derer, die uns erzogen und vor uns gelebt haben, in uns auf. Als Kamel sagen wir „Ja". Wir akzeptieren die Lehren der Vergangenheit, ohne sie infrage zu stellen. Blieben wir für immer im Stadium des Kamels, dann gäbe es keine Weiterentwicklung des Bewusstseins und wir würden stecken bleiben.

Das zweite Stadium nennt Nietzsche das Stadium des „Löwen". Um einen Sprung nach vorne zu tun, muss die Entwicklung weitergehen zum Stadium des Löwen, der gegen das Alte rebelliert. Der Löwe sagt „Nein!". Er oder sie stellt die Werte, die Verhaltensweisen, einfach alles, was uns beigebracht wurde, in Frage. Der Löwe wehrt sich mit Gebrüll gegen die Unterdrückung, die Dumpfheit und Sicherheit der Vergangenheit, des Bekannten und Vertrauten. Er bricht aus den Fesseln der Tradition aus und packt mutig etwas Neues an. Nur indem wir zum Löwen werden, können wir unser eigentliches Potenzial als Menschen verwirklichen.

Doch auch dieses Stadium hat seine Begrenzungen. Als Löwe können wir unser ganzes Leben mit Brüllen verbringen. Es kann zu unserer Identität werden, gegen Autorität und jede Art von Regelwerk anzubrüllen und blind gegen alles zu rebellieren. Den Sprung vom Stadium des Kamels in das Stadium des Löwen zu tun, erfordert großen Mut, denn wir setzen uns der Missbilligung und sogar der Verurteilung durch die anderen Kamele aus. Und die Kamele sind denen, die den Mut finden, zu Löwen zu werden, zahlenmäßig weit überlegen.

Es gibt jedoch noch einen weiteren Schritt, der uns sogar noch mehr Mut abverlangt: wieder zum „Kind" zu werden. Nach Nietzsche stellt das Stadium des Kindes die höchste Entwicklungsstufe des menschlichen Bewusstseins dar. Das Kind ist sowohl über das „Ja" als auch über das „Nein" hinausgegangen. Es hat weder die Fügsamkeit des Kamels, noch die Kampfeslust des Löwen. Das Kind lebt in einem Zustand des Loslassens. Es akzeptiert das Leben und die Menschen, so wie sie sind, und ist dennoch in der Lage von der Stärke des Löwen Gebrauch zu machen, wenn die Situation es erfordert.

Das Stadium des Kindes bedeutet die Wiederkehr von Unschuld und Vertrauen - jedoch nicht der blinden Unschuld und dem blinden Vertrauen des Kamels, sondern der Unschuld von Weisheit und Reife.

Nietzsches Stadien: Die Abnabelung von der Kiste

Reifes Vertrauen entsteht, wenn wir Vertrauen und Zuversicht in uns selbst entwickeln. Um dieses Selbstvertrauen entwickeln zu können, müssen wir zuallererst entdecken, wer wir sind, und dazu ist es nötig, aus der Kiste auszusteigen. Die Identität, die wir entwickeln, solange wir in der Kiste aufwachsen, stimmt nicht mit unserem eigentlichen Wesen überein. Um uns selbst wertzuschätzen, intelligente Entscheidungen treffen zu können und wirklich wir selbst zu sein, ist es wichtig, dass wir uns dem Einfluss und dem Druck des Alten entziehen und neue Denk- und Lebensweisen kennen lernen.

Als Kamel können wir uns selbst nicht vertrauen. Um des lieben Friedens willen machen wir ständig Kompromisse und können kein reifes Vertrauen entwickeln. Im Prozess der Abnabelung müssen wir alles, was uns beigebracht wurde, infrage stellen, um aus eigener Kraft entdecken zu können, was wahr ist und wie authentisches Leben aussehen würde. In der Kiste stellen wir keine Fragen – so ist das Leben des Kamels. Das Schöne am Stadium des Kamels ist, dass wir hier ein Erbe übernehmen und dadurch eine Zugehörigkeit und Wurzeln entwickeln. Das wird uns nicht mehr verloren gehen und mit der Zeit lernen wir, es zu schätzen. Doch solange wir uns nicht abgenabelt haben, ist es ein Gefängnis. Es ist noch unbewusst und auch wir sind noch unbewusst.

Als Löwe rebellieren wir gegen das Alte. Manchmal geht dieser Prozess einher mit großer Wut auf die Regeln und Normen der Kiste. Diese Wut weckt unsere Kraft und den Mut, die wir zur Abnabelung brauchen. Im Anfangsstadium der Abnabelung haben wir oft das Gefühl, als müssten wir gegen die ganze Welt ankämpfen – da hilft es, Unterstützung von ähnlich gesinnten Löwen zu bekommen. Die Phase des Löwen kann verschiedene Formen annehmen. Einige von uns sind radikaler und dramatischer und unsere Löwenenergie will eine handfeste Abnabelung von denen, die uns erzogen haben. Für andere kann die Phase des Löwen etwas subtiler verlaufen. Heimliche Akte von Trotz, Sabotage und Groll können vorkommen. Wir merken vielleicht nicht einmal, dass wir rebellieren, doch unser Verhalten stellt eine eindeutige Reaktion gegen Autoritäten dar.

Manchmal kann diese Phase der Rebellion bis ins Erwachsenenalter anhalten. Doch es ist nie zu spät.

Anstatt auf unsere Eltern zu reagieren, rebellieren wir vielleicht gegen andere Autoritätspersonen oder gegen kulturelle und religiöse Unterdrückung. Wir hatten Klienten, die erst nachdem ihre Kinder erwachsen waren, zu Löwen wurden. Dann stellten sie erstmals ihren Lebensstil infrage und brachen aus einer Ehe aus, die schon lange tot war. Das Wichtige an dieser Phase ist, dass wir in ihr unsere Kraft zurückgewinnen. Es ist, als würde ein schlafender Löwe geweckt. Je bewusster wir in diesem Prozess sind, desto gesünder ist er.

Wenn der Vorgang der Abnabelung zum Abschluss kommt und wir ein Gefühl unserer Essenz bekommen, gehen wir ganz natürlich ins letzte Stadium über, in das Stadium des Kindes. Wir entdecken unsere Unschuld wieder. Diese Unschuld hat eine völlig andere Qualität als die Unschuld unserer Kindheit. Sie ist auf die Probe gestellt worden und gereift, weil wir den Mut hatten, ein Löwe zu sein. Doch als Kind haben wir die Wut und den Groll des Löwen hinter uns gelassen, wir brauchen sie nicht mehr und sie fühlen sich nicht mehr gut an. Unser Herz und unsere eigentliche Natur halten nicht gerne an Wut und Ärger fest.

Außerdem sind wir nun frei, unsere Vergangenheit in einem neuen Licht zu sehen. Wir können die Schönheit und den Reichtum unseres Erbes ohne die damit verbundene Unbewusstheit und Unterdrückung wertschätzen lernen. Wir können das Gefühl der Zugehörigkeit, das es uns gibt, und die Weisheit, die in ihm ruht, wieder annehmen. Das Erbe hat nun nicht mehr die Macht, uns zu seinen Sklaven zu machen.

Nach unserer Erfahrung verläuft der Übergang von einem Stadium zum anderen nicht linear. In manchen Bereichen unseres Lebens und bei manchen Leuten spüren wir die Unschuld und die Reife des Kindes. In anderen Bereichen mögen wir noch tief in der Unbewusstheit oder der Unterwürfigkeit des Kamels stecken. Doch mit dem Wissen um diese drei Stadien fällt es uns leichter, diesen Prozess mit Mitgefühl und Verständnis zu beobachten.

Unser Weg fängt auf der anderen Seite an.
Werde zum Himmel.
Mit der Axt schlag die Gefängnismauern ein.
Fliehe.
Tritt heraus wie jemand, der zu Farbe wird.
Tue es jetzt.

Rumi

7. Kapitel

Die Kraft der Abnabelung: Wurzeln durchtrennen, um wieder zu ihnen zurückzukehren

DIE ABNABELUNG VON UNSEREN WURZELN IST WAHRSCHEINLICH DER WACHStumsschritt, der uns am meisten in unsere Kraft bringt, und gleichzeitig der Schritt, der die größte Angst auslöst und die größte Herausforderung für uns darstellt. Die Angst vor Strafe, davor, von Familie und Freunden abgeschnitten zu sein, die Angst, keine neue Identität zu finden, wenn wir die alte Identität aufgeben, ist riesig groß. Gleichzeitig wissen wir innerlich, dass es lebenswichtig für uns ist, durch den Prozess der Abnabelung und Selbstfindung hindurchzugehen (man nennt es auch „Separation und Individuation"). Es ist, als bestünden wir aus zwei Teilen, die uns in verschiedene Richtungen ziehen. Der eine Teil will, dass wir uns losreißen, um uns selbst zu finden, während der andere uns drängt, die Bequemlichkeit und Sicherheit des Bekannten und Vertrauten beizubehalten. Das Interessante daran ist: Wenn wir uns nicht bewusst von unseren Wurzeln gelöst haben, dann wiederholt sich dieser Prozess der Abnabelung heute in unseren wichtigen Beziehungen, und das kann in unseren Partnerschaften großen Schaden anrichten.

Unsere Werte überprüfen

Bei unserer Arbeit verwenden wir eine Methode, die für den Prozess der Abnabelung sehr hilfreich ist: Wir werden uns bewusst, welche Vorstellungen wir bezüglich unserer Lebensführung haben. Wir schlagen den Teilnehmern vor, mehrere

Tage lang Buch zu führen über ihre Ansichten bezüglich Essen, Sex, Arbeit, Geld, Elternschaft, Familie, Kleidung, Sauberkeit, Wut, Gefühle, Selbstbehauptung, Erfolg, Misserfolg usw. ... Wenn die Teilnehmer ihre Ansichten formuliert haben, bitten wir sie, diese daraufhin zu untersuchen, ob sie den Regeln ähnlich sind, die ihnen verbal oder nonverbal als Kind mitgegeben wurden. Anschließend fordern wir sie auf zu überprüfen, ob sie tatsächlich heute noch nach diesen Regeln und Überzeugungen leben möchten oder ob sie es nur noch unbewusst und automatisch tun. Der letzte Teil dieser Übung besteht darin, zu erspüren, wie es sich anfühlen würde, eine Regel oder einen Glaubenssatz, die nicht mehr zu ihnen passen, über Bord zu werfen. Manchmal sind sie dann bereit, diese Regel loszulassen, ein anderes Mal ist es vielleicht zu beängstigend und bedrohlich, etwas zu verändern.

Kurz vor meinem (Krish) College-Abschluss hatte ich eine interessante Begegnung mit einem Freund vom College. Wir alle hatten eine lange Zeit miteinander verbracht und in ein paar Wochen würde nun jeder seines Weges gehen. Die meisten Studenten, die ich kannte, schienen vorzuhaben, auf die eine oder andere Art ihre Ausbildung fortzusetzen. Als ich in sein Zimmer kam, war ich erstaunt, denn es sah nicht im Geringsten danach aus, als würde er sich auf eine weiterführende Ausbildung vorbereiten: Er hatte seine Kletterausrüstung im ganzen Zimmer ausgebreitet. Als ich ihn fragte, was er vorhabe, meinte er, er wüsste es noch nicht genau. Er brauche eine Pause von der akademischen Welt und wolle in Nepal Bergsteigen und dann an einem Strand in Thailand eine Weile gar nichts tun. Zuerst kam mir das völlig verrückt vor vielleicht gut für ihn, aber nicht für mich. Oder etwa doch? Was er gesagt hatte, hatte mich berührt und ich musste oft daran denken. Bis dahin war ich mir sicher, dass ich nach der Abschlussprüfung Medizin studieren würde. Ich hatte mich beworben und war angenommen worden. Das war die Agenda, die meine Familie und meine Konditionierung für mich vorsahen. Es war mir nie in den Sinn gekommen, dass ich aus dem Zug aussteigen könnte oder gar wollte. Aber dieser Freund hatte einen

Keim gelegt. Als ich mein Diplom in Empfang nahm, fragte mich der Dekan nach meinen weiteren Plänen und auf einmal hörte ich mich sagen: „Ich weiß es nicht genau." Meine Familie war schockiert. Mein Bruder, der im dritten Jahr Medizin studierte, fragte mich, warum ich nicht gesagt habe, ich würde Medizin studieren. Da ich mich schuldig und unsicher fühlte, konnte ich nur erwidern, dass ich in jenem Moment das Gefühl hatte, diese Antwort sei am ehrlichsten. Ich war verwirrt und beunruhigt und begann das Studium, weil ich nicht den Mut aufbrachte, aus der Kiste meiner Konditionierung auszusteigen. Aber drei Wochen später verließ ich die Universität. Es folgte eine Zeit, in der ich mich vollkommen verloren, depressiv und richtungslos fühlte. Ich trat dem heimatlichen Friedenscorps bei und arbeitete einige Jahre in schwarzen Ghettos, danach ging ich nach Kalifornien, wo ich drei Jahre lang als Hippie lebte. In Kommunen experimentierte ich mit bewusstseinsverändernden Drogen, begegnete Menschen und lebte in Situationen, die mich veranlassten, viele der Glaubenssätze meiner Kindheit infrage zu stellen. Ich begann Yoga zu lernen und machte Einzeltherapie und Wachstumsgruppen mit. Ich entdeckte, wie viel Scham und Schmerz ich noch aus meiner Kindheit in mir trug und verlor meine Illusion von meiner „perfekten Erziehung". Und ich begann zu erkennen, dass es bei dem, was man mir beigebracht hatte, in Wirklichkeit um ein zwanghaftes, wie verrückt auf Leistung und Erfolg ausgerichtetes Streben ging, das alle anderen Impulse verdammte. Ich erkannte, wie viel Beschämung und Schmerz ich bei dem Versuch, mich diesen Werten anzupassen, erlitten hatte. Unsere Konditionierung ist sehr tief und unbewusst. Auf meiner inneren Suche musste ich immer neue tiefere Schichten erkunden, um herauszufinden, was echt und was nur Angewohnheit war. Dieser Prozess ist auch heute noch nicht abgeschlossen, weil es immer noch tiefere und subtilere Schichten zu erforschen gibt.

Die richtigen Bedingungen für eine Veränderung

Die Existenz scheint uns immer wieder Gelegenheiten zuzuspielen, die uns bei der Abnabelung helfen können. Und wenn der richtige Zeitpunkt gekommen ist, nutzen wir sie. Was diese Bereitschaft hervorruft, ist schwer zu sagen, doch es scheint eine Kombination von inneren und äußeren Umständen zu sein. Innerlich mögen wir einen Punkt erreicht haben, wo wir es satt haben und nach etwas Neuem Ausschau halten. Dann wird uns vielleicht ein Einblick in etwas Neues und anderes gewährt.

> Mit sechzehn fand ich (Amana) eine neue Freundin, die für mich zum Katalysator wurde und mir eine neue Welt eröffnete. Als ich sie zum ersten Mal in ihrer Wohnung besuchte, war ich schockiert, denn sie war genau das Gegenteil von meiner. Ihr Appartement war fast leer – nur einige Bilder buddhistischer Mönche und Bilder von Tibet – ein nackter Holzboden und einige nicht sehr bequeme Möbel. Ihre Mutter war eine buddhistische Nonne, die die meiste Zeit meditierend in Indien und Frankreich verbrachte. Im Gegensatz dazu war mein Elternhaus äußerst komfortabel, mit vielen Teppichen ausgelegt, aber es vermittelte nicht so ein geräumiges Gefühl. Etwas in meinem Innern war berührt worden. Ich erkannte, dass ich das, wonach ich eigentlich suchte, in meiner Familie in Dänemark nicht finden konnte. Ich musste fortgehen, um andere Erfahrungen zu machen und eine andere Lebensperspektive zu gewinnen. Dazu kam, dass ich diese Person, zu der ich mich entwickelte nicht mochte. Ich hatte das Gefühl, wenn ich bleiben würde, würde ich einem bereits geschriebenen Drehbuch folgen, und ein Leben leben, das nicht mein eigenes war.
> Bis dahin hatte ich die meiste Zeit mit Lesen verbracht und war die ganze Schulzeit hindurch Klassenbeste gewesen. Mit fünf Jahren konnte ich fließend lesen. Anstatt zu spielen, las ich. Die meiste Zeit verbrachte ich in der öffentlichen Bibliothek. Ungefähr mit zwölf Jahren begann ich die Lebensweise der Erwachsenen zu hinterfragen. Was ich sah, gefiel mir nicht. Wenn das alles sein sollte – ein solches Leben reizte mich nicht. Meine Familie hatte keinerlei Verbindung zu Spiritualität, kein Gefühl, keine Vorstellung von etwas Höherem als der alltäglichen, nüchternen Existenz. Es gab keine Sehnsucht, die eigene Seele und die Tiefen des Lebens zu erforschen, und sie hatten keine Ahnung von menschlicher Entwicklung. In

die Kirche gingen sie nur zu Taufen, Konfirmationen, Hochzeiten und Begräbnissen und selbst dann drehte sich alles nur um die Festivitäten, das Essen und das Zusammentreffen der Familie. Es gab keine innere Verbindung mit der Kirche und niemand hörte dem Pfarrer zu. Ich wuchs mit dem Gefühl eines tiefen Mangels auf, wusste aber nicht, was mir fehlte. Eines Tages kam ich nach Hause und erklärte meiner Mutter, dass ich die Schule an den Nagel hängen und mit meiner Freundin nach Spanien gehen würde. Natürlich reagierte sie entsetzt und versuchte alles Mögliche, um mich davon abzubringen. Doch mein Entschluss stand fest und ein paar Wochen später fuhr ich los. Spanien war genau das Gegenteil von Dänemark. Dänemark war rational, kontrolliert, vernünftig und gemäßigt. Spanien war leidenschaftlich, heiß, intensiv und emotional. In Dänemark hatte ich die Verbindung mit meinem Körper und meinen Gefühlen verloren und wusste, dass ich sie wieder finden wollte.

Wir flogen nach Mallorca und im Nu begann ein völlig neuer, aufregender Lebensstil. Jobs und eine Wohnung waren schnell gefunden und die meisten Nächte tanzten wir bis zum Morgengrauen und fingen an, uns mit Männern zu verabreden. Zum ersten Mal seit meiner Kindheit fühlte ich mich lebendig. In dieser Zeit geschah etwas ganz Erstaunliches: Meine Augen wurden besser. Mit sieben, kurz bevor sich meine Eltern getrennt hatten, war ich sehr kurzsichtig geworden und musste von da an eine dicke Brille tragen. Jetzt merkte ich plötzlich, dass ich keine Brille mehr brauchte. Was ich wirklich gebraucht hatte, war die Trennung von meiner Familie – aus meiner Rolle als ernstes, verantwortungsbewusstes Mädchen auszusteigen. Es war so eine Erleichterung, in einem Land zu sein, wo mich niemand kannte und wo ich noch einmal von vorne anfangen konnte. Dieses neue Leben öffnete dermaßen meinen Horizont, dass ich keine Brille mehr brauchte.

Den Kontakt abbrechen

Unter Umständen beginnt unsere Abnabelung damit, dass wir von unserer Herkunftsfamilie wegziehen, oder auch schon früher, indem wir rebellieren. Vielleicht merken wir einfach, dass es etwas außerhalb der konventionellen Welt gibt, das uns ruft. Doch diese ersten Schritte weg von unseren Wurzeln sind nur der Anfang des Abnabelungsprozesses. Einer der Gründe, warum Nietzsches Stadien so brillant sind, ist seine klare Feststellung, dass Rebellion oder physische Entfernung noch keine wirkliche Abnabelung bedeuten.

> Damit die Abnabelung innerlich integriert wird, müssen wir herausfinden, wer wir sind, und dann mit allem, was vorher geschah, Frieden schließen.

Dazu reicht es nicht, dass man einfach weggeht (obwohl das oft ein guter Anfang ist) und auch, wenn unsere Handlungen nur eine Reaktion auf die Vergangenheit sind, geschieht es noch nicht (obwohl auch das am Anfang notwendig ist). Manchmal sind die physische Trennung von Eltern und Familie und das zeitweilige Abbrechen des Kontakts der erste wichtige Schritt, durch den wir uns von unserer Konditionierung distanzieren. Das allein ist schwierig und beängstigend. Wir entdecken bei unserer Arbeit immer wieder, dass viele Erwachsene noch immer bei ihren Eltern leben oder emotional stark an sie gebunden sind, ohne zu merken, welchen Preis sie dafür zahlen.

> Ein Mann von Anfang vierzig berichtete, dass er ständig Streit mit seiner Freundin habe, die sich darüber beklagte, dass die Energie seiner Mutter immer um ihn herum sei. Diese kaufte seine Kleidung, richtete seine Wohnung ein und telefonierte fast täglich mit ihm. Dennoch konnte er nicht sehen, warum dies ein Problem sein sollte oder warum es seine Freundin störte. Als wir ihn darauf hinwiesen, wie er an seiner Mutter hing und wel-

chen Einfluss das auf seine Beziehung habe, wehrte er sich zuerst und wurde wütend. Nach und nach wurde ihm klar, wie stark sein Leben noch immer durch den Einfluss und die Aufdringlichkeit der Mutter kontrolliert wird. Ein paar Monate später erklärte er ihr, sie möge ihn bitte nur dann besuchen, wenn sie eingeladen sei. Auch wolle er von ihr keine Kommentare über seine Wohnung und sein Leben mehr hören, es sei denn, er frage danach. Dieser Schritt kostete ihn ungeheuren Mut, doch die Entscheidung machte ihn stärker und selbstsicherer.

Die Bindung an unsere Ursprungsfamilie ist subtil und machtvoll
Die Bande, die uns an Familie und Eltern fesseln, sind subtil und ungeheuer machtvoll. Der starke Einfluss bleibt selbst dann noch bestehen, wenn wir getrennt von ihnen leben, jedenfalls solange wir unsere eigenen Werte noch nicht entdeckt haben und unserer eigenen Intelligenz noch nicht vertrauen. Solange wir unser Leben immer noch so leben, wie es uns beigebracht wurde, und solange wir an die Werte, Maßstäbe und Regeln glauben, die man uns gelehrt hat, machen wir noch Kompromisse und merken nicht einmal, wie sehr diese Kompromisse unser Leben beeinträchtigen.

Ein dreißigjähriger Mann erzählte in einem Seminar von seinem engen Verhältnis zu seiner Mutter. Sie ruft ihn fast täglich an, um sich zu erkundigen, wie es ihm geht, aber auch, um sich über ihre Beziehung mit seinem Vater zu beklagen. Der Sohn hatte jedes Mal Schuldgefühle, wenn er ihr nicht so viel Zeit und Aufmerksamkeit geben konnte, wie sie seiner Ansicht nach verdiente. Zuerst dachte er, diese Situation sei etwas ganz Normales, und konnte sich nicht erklären, warum er so viele Schwierigkeiten in seinen Beziehungen hat. Im Verlauf der Gruppe wurde deutlich, dass er fürchtete, seine Mutter zu betrügen, wenn er sich vollständig für eine andere Frau öffnete oder sogar Sex mit einer Frau hätte. Wir ermutigten ihn, sich schrittweise von der Mutter zu lösen. Nach dem Workshop sprach er mit ihr und erklärte, dass er seinem eigenen Wachstum zuliebe Abstand von ihr brauche. Sie schien das recht gut aufzunehmen, rief ihn jedoch zwei Tage später an und jammerte, wie schlecht es ihr nach seiner Entscheidung ginge. Natürlich hatte er schreckliche Schuldgefühle und geriet ins Wanken. Einige Tage darauf, rief auch sein Vater an und fragte, wie lange er noch mit „diesen Unsinn" weitermachen wolle, und er solle doch begreifen, wie sehr er seine Mutter verletzt habe.

In unserem Abnabelungsprozess gibt es immer noch tiefere Schichten zu entdecken. Selbst wenn wir bereits unser eigenes Leben leben, können immer noch Abhängigkeiten bestehen. Es sind so viele Seiten unserer Persönlichkeit betroffen, dass wir oft nicht merken, wann wir rein gewohnheitsmäßig reagieren und an alten Vorstellungen über uns selbst festhalten.

Vor einigen Jahren waren wir in Rom. Es war ein Feiertag und nur ein Geschäft am Fontana di Trevi war geöffnet. Amana entdeckte dort einen schönen Pullover für mich und meinte, ich solle ihn doch anprobieren. Ich sagte, ich hätte genug Pullover, außerdem wäre er zu teuer. In meiner Konditionierung ist jedes Kleidungsstück, das mehr als 100 Dollar kostet, tabu, und überhaupt: „Man soll keine Kleidung kaufen, die man nicht braucht". Aber weil ich irgendwo auch ein Klamottenfan bin, hat sie mich nicht lange überreden müssen. Kaum hatte ich den Laden - mit Pullover! - verlassen, ritt mein innerer Richter eine massive Attacke: „Das war jetzt wirklich nicht nötig! Dein Koffer ist schon schwer genug! Reine Verschwendung! Diese materiellen Dinge lenken dich von der spirituellen Suche ab!" usw. Den ganzen Weg bis zu unserem Hotel ging das so, aber in der Zeit gewann ich glücklicherweise genug Abstand von diesem mächtigen inneren Richter und nahm ihn nicht mehr so ernst. Ich konnte erkennen, dass durch diese „Extravaganz" die Werte meiner Familie bedroht wurden.

Sich abnabeln erfordert Risiken einzugehen

Das wirksamste Mittel, um uns von den Begrenzungen unserer Konditionierung zu lösen, heißt: Risiken eingehen. Genauer gesagt bedeutet das, etwas zu tun, was unser Herz liebend gerne tun würde, unsere Konditionierung jedoch als falsch bezeichnet oder etwas zu tun, von dem man uns gesagt hat, wir könnten es nicht oder seien nicht gut darin. Solche Risiken einzugehen macht uns ungeheuer stark. Dadurch wird eine Menge Energie freigesetzt, die in unserem System eingesperrt war, und unser Horizont und Selbstgefühl dehnt sich aus. Indem wir immer wieder Risiken eingehen, verändert sich unsere Identität von einem beschämten, unwürdigen Menschen zu einem fähigen, individuellen Menschen. Mit Risiko meinen wir nicht irgendein leichtsinniges Wagnis. Im Gegenteil, wir meinen damit klar definierte Risiken, die eine Herausforderung an unsere Konditionierung darstellen:

1. Zu riskieren, aus sich herauszugehen und gesehen zu werden trotz der Angst vor Erniedrigung oder Ablehnung.

2. Zu riskieren, wütend zu sein und jemanden zu konfrontieren, der uns wütend macht.

3. Zu riskieren, verletzbar zu sein, anstatt Recht haben zu müssen.

4. Zu riskieren, aufrichtig zu sein.

5. Zu riskieren, die eigene Kreativität zu finden und ihr Ausdruck zu verleihen.

6. Zu riskieren, sich ängstlich, hilflos und unsicher zu fühlen und diese Gefühle mit anderen zu teilen.

7. Zu riskieren, unsere Bedürfnisse zu spüren und zu lernen, uns das zu geben, was wir brauchen.

8. Zu riskieren, uns zu öffnen und den Schmerz und die Enttäuschung zu fühlen, wenn andere oder das Leben nicht so sind, wie wir es gerne hätten.

9. Zu riskieren, unsere eigene Art von Elternschaft zu entdecken, anstatt blind zu wiederholen, wie wir selbst erzogen wurden.

10. Zu riskieren, unsere Gefühle, unsere Sexualität und Lebensenergie zu spüren und auszudrücken, anstatt uns zu verstecken.

11. Zu riskieren, unser Leben so zu leben, wie wir es wirklich leben wollen.

12. Zu riskieren, Nein zu sagen, wo wir bisher automatisch Ja gesagt haben.

13. Zu riskieren, uns selbst an erste Stelle zu setzen, selbst wenn wir damit jemanden enttäuschen.

> Es ist ein signifikanter Meilenstein in unserem Leben, wenn unser Selbstwertgefühl nicht mehr von der Liebe und Zustimmung derer abhängt, die uns erzogen haben.

Der verwundete Teil in uns hört vielleicht nie auf, die Liebe und den Respekt zu wollen, die wir nicht bekommen haben. Doch irgendwann sehen wir möglicherweise ein, dass diejenigen, die wir um Nahrung gebeten haben, sie uns in der Form, wie wir sie benötigen, nicht geben können. Und wir entdecken, dass wir unser Selbstwertgefühl ohne sie finden können. Dies ist ein wertvoller spiritueller Durchgangsritus. Solange wir noch etwas von unseren Erziehern erwarten, kommen wir als Kind zu ihnen und sind im alten Netz gefangen. Wir werden sie beschämt, müde und depressiv wieder verlassen, uns nicht lieben und wieder einmal das Bild unseres beschämten Selbst verstärkt haben.

Wenn wir als ganzer Mensch zu ihnen kommen, ohne jede Erwartung, dann kann sich unser Herz öffnen. Wenn wir nicht als Bettler, sondern als Gebender vor ihnen stehen, empfinden wir vielleicht sogar große Dankbarkeit für das, was wir erhalten haben. Wir können unsere Eltern als die Menschen sehen, die sie sind mit allen ihren Begrenzungen und Fehlern, einfach als Menschen, die ihr Bestes tun.

> Ein guter Freund von uns, der genau wie ich (Krish) aus einer kleinbürgerlichen, jüdischen Familie kommt, litt jahrelang darunter, dass sein Vater ihn nie anerkannt hatte. In seinen frühen Zwanzigern ging er nach England, um Akupunktur zu studieren, spürte aber, dass sein Vater ihm mehr Anerkennung geben würde, wenn er Medizin studiert hätte. Nach dem Studium ging er nach Indien, wurde Schüler eines spirituellen Meisters und lebte dort jahrelang in dessen Kommune – ein weiterer Sehritt, den sein Vater nicht gutheißen konnte. Sein starkes Verlangen nach der väterlichen Anerkennung äußerte sich darin, dass er die Anerkennung von Autoritätspersonen suchte und ständig das Gefühl hatte, gekränkt, missachtet und nicht unterstützt zu werden. Viele Jahre schlug er sich mit diesem Konflikt herum. Schließlich vollzog sich eine gundlegende Wandlung: Er fand den Mut, wirklich nach seiner eigenen Ausrichtung zu leben. Seine Akupunkturpraxis boomt jetzt, er hat eine tiefe, erfüllende Beziehung mit einer liebenswerten Frau und beginnt, selbst stolz auf sich zu sein. Während der letzten Besuche bei seinem Vater merkte er, dass er weniger als sonst

dessen Anerkennung suchte. Paradoxerweise sagte ihm sein Vater mehrmals, wie stolz er auf ihn sei.

Die letzte Phase der Abnabelung:
Unsere Vergangenheit achten und annehmen

Es ist nicht wirklich das Löwengebrüll, das unsere Selbstachtung und unser Vertrauen wieder herstellt. Rebellion ist wie eine Startrakete, die uns die Kraft gibt auszubrechen. Doch die wirkliche Stärke bekommen wir, wenn wir von unseren Wurzeln unabhängig sind und gleichzeitig achten und annehmen können, was wir durch sie gelernt haben.

Unser Herz will keine Gefühle von Verbitterung und Feindschaft in sich tragen. Das tut weh und führt zu Isolation. Aber wir müssen die Phase der Abnabelung zulassen, egal wie lange sie dauert. Um erwachsen zu werden, müssen wir uns lösen. Vor der Abnabelung sind wir ohnehin die meiste Zeit isoliert und feindselig (ohne dass uns das bewusst ist), weil wir nicht wir selbst sind. Sobald wir die Abnabelung vollziehen und ein Gefühl von uns selbst bekommen, können wir wieder nach Hause kommen. Im Grunde müssen wir uns trennen, um uns nicht abgetrennt zu fühlen.

> Ich (Amana) brauchte eine lange Zeit, in der ich keinen Kontakt mit meiner Mutter hatte, um mich innerlich zu lösen. Es war schmerzhaft und schwierig, aber notwendig, damit ich mich selbst wieder fühlen konnte. Ich hatte das Gefühl mich selbst verloren zu haben und hatte mich daran gewöhnt, die Rolle der verantwortungsbewussten großen Tochter in der Familie zu spielen. Die Trennung war schmerzhaft, weil meine Mutter ein wirklich liebevoller Mensch ist, und sie konnte nicht verstehen, was ich durchmachte. Ich war wütend auf sie, weil sie mir nicht gab, was ich brauchte. Ich war sogar wütend, weil sie mit dem Leben, das sie lebte, glücklich war und nicht mehr erwartete. Ich verstand nicht, wie sie damit zufrieden sein konnte.

> Sie sagte immer: „Du bist genau wie dein Vater. Nie zufrieden mit dem, was du hast." Es tat mir weh, das zu hören, und gleichzeitig konnte ich ihre Angst verstehen, dass ich so werden würde wie mein Vater und vor dem Leben kapitulieren würde. Ich begriff nicht, warum sie mir nicht geben konnte, was ich brauchte, warum sie nicht die gleiche spirituelle Sehnsucht hatte wie ich. Es hat viele Jahre gedauert, bis ich sie so sehen und akzeptieren konnte, wie sie ist. Heute schätze ich sie wirklich und ehre sie für alles, was sie ist und was sie mir gegeben hat. Sie hat ein liebevolles Herz und hat mir ein Grundvertrauen ins Leben geschenkt, dass ich ohne sie sicher nicht hätte.

Wenn wir aus dem Stadium der Rebellion herauswachsen, wächst ein Gefühl von Dankbarkeit und wir können die Menschen, die vor uns lebten, als das sehen, was sie sind. Sogar das, was wir selbst durchgemacht haben, können wir trotz aller Mühen und Schmerzen als Geschenk annehmen. Wir können mit unseren Wurzeln und mit den Menschen, die uns erzogen haben, wieder Verbindung aufnehmen und sie auf eine neue Art annehmen. Auf vielerlei Weise werden unser Leben, unser Schicksal und unsere Persönlichkeit bewusst oder unbewusst tief von unseren Eltern und der uns umgebenden Kultur geprägt. Wenn wir die Abnabelung einmal vollzogen haben, lernen wir wertzuschätzen, dass „der Apfel sowohl sehr weit als auch gar nicht weit vom Stamm gefallen ist". Ob es uns gefällt oder nicht, ob wir uns dessen bewusst sind oder nicht, wir tragen in vieler Hinsicht die Fackel weiter. Wir bemerken womöglich, wie ähnlich wir einem oder beiden Elternteilen sind. Wir stellen erstaunt fest, dass wir so denken, handeln und sprechen wie sie. Einiges daran mögen wir vielleicht, anderes nicht – jedenfalls sind sie ein Teil von uns. Das gilt nicht nur für Eltern, sondern auch für unser kulturelles Erbe. Es gehört zur Vervollständigung dieses Prozesses, dass wir uns unseres Erbes bewusst sind, es akzeptieren und sogar daraus Kraft schöpfen.

Durch Abnabelung und Wiedervereinigung schließt sich der Kreis unserer Heilung. Wir sind durch den dunklen Tunnel gegangen und haben uns gestattet, aus der Perspektive des verwundeten inneren Kindes die Wunden zu spüren, die uns damals zugefügt wurden. Und wir haben den Mut aufgebracht, uns von unseren Wurzeln zu lösen, um herauszufinden, wer wir sind. Nachdem wir diesen Teil der Reise hinter uns gebracht haben, können wir auch entdecken, wo wir tief mit unserer Vergangenheit verbunden sind, und unser Erbe in Dankbarkeit annehmen. Auf diese Weise lehnen wir den alten Schmerz nicht mehr ab, aber wir halten auch nicht mehr daran fest. Wir wissen zu schätzen, dass das, was wir durchgemacht haben, uns zu mehr Tiefe und Reichtum verholfen hat.

TEIL 3

LEBENSLEKTIONEN, DIE UNS DAZU HERAUSFORDERN, VERTRAUEN ZU LERNEN

8. Kapitel

In unsere Kraft kommen:
Unsere Integrität zurückgewinnen

IN DEN FOLGENDEN KAPITELN WERDEN WIR EINIGE WICHTIGE METHODEN ERFORschen, die uns helfen, unser Scheinvertrauen und/oder unser allumfassendes Misstrauen in echtes Vertrauen zu verwandeln. Wenn wir aus Scheinvertrauen oder aus enttäuschtem allumfassenden Misstrauen heraus leben, wird uns das keine Erfüllung bringen. Eine der wesentlichen Zutaten, um Scheinvertrauen und allumfassendes Misstrauen durch echtes Vertrauen zu ersetzen, ist die „Qualität der Meisterschaft": Wir müssen unsere Kraft zurückgewinnen.

> In einem Seminar erzählte eine zweiundvierzigjährige Frau, dass es in ihrer sexuellen Beziehung mit ihrem Mann einige Konflikte gebe. Wenn er auf sie zugehe und mit ihr schlafen wolle, fühle sie sieh gedrängt und überfahren. Wenn sie ihm dann zu verstehen gebe, dass sie keine Lust habe, sei er verletzt und ziehe sich zurück. Wenn sie aber zum Ausdruck bringe, sie brauche mehr Zeit und mehr Fürsorglichkeit im Bett, dann erwidere er, er wolle ihre Sexenergie und nicht ihre emotionalen Probleme.
> „Wie fühlst du dich, wenn er dir das sagt?", fragten wir sie.
> „Vermutlich hat er Recht. Ich glaube auch, dass ich manchmal zu empfindlich reagiere und zu emotional bin."
> Sie versucht sich seinen sexuellen Bedürfnissen zu fügen, so gut sie eben kann, fühlt sich danach jedoch deprimiert und voller Groll.
> „Wie wäre denn das, so miteinander zu schlafen, wie du es gerne möchtest?", fragten wir.
> „Ich kann mir nicht einmal vorstellen, wie das sein würde."

Viele von uns könnten vermutlich mit ähnlichen Situationen in unserem Leben aufwarten, in denen wir unfähig sind, mit unseren eigenen Bedürfnissen und Wünschen Kontakt aufzunehmen oder zu ihnen zu stehen. Vielleicht wissen wir sogar selbst nicht, was wir brauchen, weil wir uns so daran gewöhnt haben, uns den Menschen um uns herum anzupassen und Dinge zu sagen und zu tun, die wir nicht meinen.

Eine der fundamentalen Ursachen, warum wir anderen Menschen so wenig vertrauen, besteht darin, dass sich viele von uns im Umgang mit dem Leben und den Mitmenschen recht kraftlos fühlen. Wir geben anderen leicht nach und lassen uns einschüchtern, vor allem dann, wenn eine Konfrontation droht. Das bewirkt, dass wir uns innerlich schlecht und hilflos fühlen. Und entweder machen wir uns selbst dann harsche Vorwürfe, dass wir nicht stärker sind, oder wir werfen den anderen Menschen vor, uns nicht zu respektieren oder nicht einfühlsam genug zu uns zu sein.

> In unsere eigene Kraft zu kommen zählt zum Wichtigsten in unserem Leben. Ohne dieses Gefühl von Meisterschaft, ohne die Fähigkeit, mit einem gewissen Grad von Zuversicht, Würde und Selbstachtung durchs Leben zu steuern, brechen wir leicht zusammenund fühlen uns als Opfer der Umstände.

Sich als machtloses Opfer zu fühlen nimmt uns nach und nach unsere Selbstachtung und schmälert unsere Wahlmöglichkeiten. Im obigen Beispiel ist nicht der Ehemann die Ursache für die Schwierigkeiten der Frau. Wäre sie mit einem anderen Mann zusammen, würde sie höchstwahrscheinlich in eine ähnliche Lage geraten. Um der Harmonie willen und um von anderen Liebe zu erhalten, tun wir, was andere von uns erwarten. Es ist schwierig, unsere Bedürfnisse durchzusetzen, wenn wir nicht einmal wissen, was wir eigentlich möchten. Und selbst wenn wir es wissen, haben wir zu viel Angst, uns durchzusetzen.

Manchmal entdecken wir rückblickend, dass wir nicht für uns eingestanden sind oder wir zugelassen haben, dass andere unsere persönlichen Grenzen übertreten, doch dann scheint es schon zu spät zu sein. Es hilft nichts, uns selber einzureden, dass wir uns das nächste Mal durchsetzen werden, denn wenn es wieder geschieht, wird uns oft erst nachher (und manchmal erst sehr viel später) bewusst, dass wir uns selbst wieder überfahren haben oder von jemand anderem überfahren worden sind.

> Wir sind innerlich hin- und hergerissen zwischen der Sehnsucht uns zu öffnen und zu vertrauen und dem leidenschaftlichen Wunsch, uns stark zu fühlen und Meister unserer selbst zu werden. Zwischen der Sehnsucht geliebt zu werden und dem Wunsch uns selber treu zu sein. Je näher wir jemandem kommen, desto extremer wird oft dieser Konflikt.

Mit dem ständigen Gefühl, nicht mit unserer eigenen Kraft verbunden zu sein, versuchen wir auf eine von zwei möglichen Arten fertig zu werden: Entweder wir isolieren uns, sind dauernd argwöhnisch und auf der Hut, halten alle Leute auf Abstand und erlauben uns nicht, verletzlich zu sein; oder (wie die Frau im obigen Beispiel) wir fügen uns. Uns zu isolieren heißt, den Schmerz darüber, nicht in unserer Kraft zu sein, zu betäuben. Im zweiten Fall lädt unser Hunger nach Liebe und Aufmerksamkeit einen anderen Menschen ein, ohne Rücksicht auf unsere eigenen Bedürfnisse oder Gefühle in unsere Welt einzudringen. Keiner dieser beiden Bewältigungsmechanismen bringt uns dem Gefühl von Meisterschaft auch nur ein bisschen näher.

Die Schritte zur eigenen Kraft

Manchmal bitten wir die Leute, mit denen wir arbeiten, sich etwas Zeit zu nehmen und darüber nachzudenken, was ihnen hilft, sich in ihrem Leben in ihrer Kraft zu fühlen. In der Regel nennen sie Folgendes:

- Ich fühle mich in meiner Kraft, wenn ich mich zentriert fühle.
- Ich fühle mich in meiner Kraft, wenn ich Grenzen setzen kann.
- Ich fühle mich in meiner Kraft, wenn ich die Verantwortung für mich übernehme.
- Ich fühle mich in meiner Kraft, wenn ich nicht so ein Feigling bin.
- Ich fühle mich in meiner Kraft, wenn ich weiß, was ich sagen oder tun muss.
- Ich fühle mich in meiner Kraft, wenn ich anerkenne, wie sehr ich mich für mein Wachstum einsetze und wie weit ich schon gekommen bin.
- Ich fühle mich in meiner Kraft, wenn mir etwas gelingt.
- Ich fühle mich in meiner Kraft, wenn ich mit meinem Körper verbunden bin und Boden unter den Füßen spüre.

Aus diesen Feststellungen wird klar, dass wir uns dann in unserer Kraft fühlen, wenn wir „in unserer Energie" sein können, während wir uns als machtlos empfinden, wenn wir uns hilflos, verwirrt oder vom Leben (oder einem anderen Menschen) überfahren fühlen. Doch wir tun uns keinen Gefallen, wenn wir unser Kraftgefühl nur aus solchen Momenten beziehen, wo wir uns zentriert, stark und durchsetzungsfähig fühlen. Wenn wir in unserer Selbstachtung verletzt wurden, wie das bei vielen von uns der Fall ist, stehen wir oft noch zu sehr unter Schock, als dass wir uns selber spüren und angemessen reagieren könnten. Häufig fehlt dann der Kontakt zu dem, was wir wollen, brauchen, fühlen und denken, und wir entdecken erst später, dass wir uns selbst verraten haben.

Unserer Erfahrung nach gewinnen wir an Kraft, wenn wir auf einer tiefen Ebene „Ja" zu uns sagen. Das bedeutet, uns selbst gegenüber Mitgefühl zu haben und zu akzeptieren, was wir im Moment gerade vorfinden. Aus diesem Zustand sprudelt unmittelbar Wahrheit und Kraft in uns hoch.

Die beiden Pole, die uns in unsere Kraft führen

Bei der Rückverbindung mit unserer Kraft geht es unserer Erfahrung nach um zwei Aspekte. Einen nennen wir den weiblichen Pol, der andere ist der männliche Pol.

1. Der weibliche Pol der Kraft

Hier geht es darum, uns immer dann sehr genau zu beobachten und hinzuspüren, wenn wir uns bedroht, hilflos, eingeschüchtert, machtlos, verwirrt, gelähmt, erschreckt, unsicher oder kollabiert fühlen. Wir schauen zu und spüren nach – ohne jede Erwartung und ohne den Druck, aus unserer Kraft heraus reagieren zu müssen, ja überhaupt reagieren zu können. Der Schock sitzt vielleicht so tief, dass uns im Augenblick nichts anderes möglich ist, als die ganze Situation einfach nur zu beobachten.

Das heißt, dass wir die Ängste wahrnehmen und fühlen, die vor allem dann hervorgerufen werden, wenn jemand etwas von uns will oder wenn wir uns von den Anforderungen des Lebens überwältigt fühlen. Normalerweise sind wir in solchen

Situationen nicht präsent – wir treten innerlich weg, indem wir nachgeben, uns zurückziehen oder uns innerlich abspalten. Es braucht sehr viel Mut, präsent zu bleiben und zu fühlen, was genau sich in uns abspielt. Man kann sich kaum vorstellen, wie tief diese Ängste reichen.

Wir gewinnen unsere Kraft wieder, wenn wir den Mut aufbringen und den festen Vorsatz fassen, präsent zu bleiben und unsere Angst und die damit verbundenen feinen Körperempfindungen wahrzunehmen. In dem Beispiel, das wir zu Beginn des Kapitels gegeben haben, finge die Frau an, Selbstachtung zu entwickeln, wenn sie zulassen könnte, ihre Angst im Bett zu spüren und auch zu fühlen, wie ihr Mann diese Angst auslöst. Anfänglich erkennt sie ihr Gefühl vielleicht gar nicht als Angst. Sie könnte es als ein Gefühl von Traurigkeit, Schmerz, Distanziertheit von ihrem Mann, Unlust auf Sex usw. erleben.

Mit der Zeit und mit viel Geduld lernen wir in solchen Angst auslösenden Situationen, dass wir nicht nur das Kind sind, das in Panik geraten ist, sondern dass wir die Entschlusskraft und Stärke in uns haben, uns selbst zu spüren, statt innerlich wegzutreten. Durch Versuch und Irrtum, ohne den Druck, es „richtig" machen zu müssen, können wir einen klaren Entschluss fassen, präsent zu bleiben und hinzuspüren. Dann beginnen wir zu entdecken, was sich für uns richtig anfühlt und was nicht. In unserem Beispiel wird die Frau schließlich erkennen, wie sie sich innerlich anfühlt, wenn sie auf eine Weise Liebe macht, die sich für sie nicht gut anfühlt.

2. Der männliche Pol der Kraft

Hier geht es darum, kleine Risiken einzugehen und auszusprechen, was wir brauchen und wollen selbst auf die Gefahr hin, dass der andere dies missbilligt oder abwertet. Es geht auch um den festen Vorsatz, kleine Schritte zu wagen, damit unsere Ängste nicht länger dazu führen, dass wir zaudern und uns zurücknehmen. Ein befreundeter Psychologe nennt das „spirituelles Stretching". Einmal mehr geht es nicht darum, in solchen Situationen „das Richtige" zu tun oder zu sagen, sondern einfach nur darum, etwas zu wagen und uns anders als bisher zu verhalten – auf eine Weise, die unserem Herzen näher ist – wovor wir bisher zu große Angst hatten. Kleine Wagnisse einzugehen ist immens transformierend und setzt einen tiefen inneren Wandlungsprozess in Gang. Genau das führt uns in unsere Kraft. Allmählich nehmen unsere Ängste ab und ein Gefühl für uns selbst kehrt zurück.

Ein weiterer wichtiger Aspekt des männlichen Pols bezieht sich darauf, etwas zu unternehmen, was dem Körper mehr Lebensenergie und Bewusstheit zuführt. Das kann Sport sein, fernöstliche Kampfsportarten, Körperübungen, die das Bewusstsein schärfen, Gewichte heben, Zeit in der Natur, malen, tanzen, – was immer uns inspiriert und Freude macht.

Alles, was uns mehr mit der Erde und mit dem Körper verbindet, wird uns helfen, präsent zu bleiben, wenn wir uns von einem Menschen oder einem Ereignis bedroht fühlen. Manchmal geraten wir in eine Situation, in der wir nur den weiblichen Pol benutzen können. Zu anderen Zeiten geht beides.

> Eine Freundin von uns hatte kürzlich zwei interessante Erlebnisse, die sie herausforderten, mit ihrer inneren Kraft in Verbindung zu kommen. In der ersten Situation reiste sie von ihrem Wohnort Los Angeles nach Dänemark, um einen Monat bei ihrer Familie zu verbringen. Schon nach wenigen Tagen im Haus ihrer Eltern fühlte sie sich zunehmend unwohl. Alles, was ihre Eltern sagten oder taten, ärgerte sie, und sie merkte, wie sie immer unsicherer wurde. Außerdem fühlte sie sich außerstande, etwas zu unternehmen, um sich innerlich zu stärken und sich wieder besser zu fühlen. In ihrer Kindheit hatte ihr Vater sie stets verbal und emotional verletzt und von ihrer Mutter hatte sie keine Unterstützung erfahren. Unsere Freundin merkte, dass sie nach wenigen Tagen tief in ihren Kindheitszustand regrediert war. Es gelang ihr jedoch in ihrer Angst und Scham präsent zu bleiben, und

ihr war auch bewusst, dass sie bald abreisen und zu ihrem normalen Leben in Los Angeles zurückkehren würde, weit weg von ihren Eltern. Bei ihrer Rückkehr geriet sie in eine Situation, die eine neue Herausforderung für sie bereithielt. Sie arbeitet als Reflexzonen-Therapeutin in einem Kurzentrum in Los Angeles. Vor ihrer Abreise hatte sie einen anderen Massagetherapeuten in Reflexzonenmassage unterrichtet, um die Zeit ihrer Abwesenheit zu überbrücken – unter der Voraussetzung, dass sie nach ihrer Rückkehr weiterhin die einzige Reflexzonen-Therapeutin im Zentrum bleiben würde. Doch dann fand sie heraus, dass die Besitzer des Kurzentrums, statt sie anzurufen, ihrem Stellvertreter Klienten zuwiesen, weil er mehr Zeit dort verbrachte und schneller verfügbar war. Sie fühlte sich betrogen, nicht zuletzt auch deshalb, weil sich sein zweiwöchiges Kurztraining nicht mit all den Jahren messen konnte, die sie ins Erlernen dieser Methode investiert hatte. Sie stellte die Besitzer des Kurzentrums zur Rede, worauf diese ihr Recht gaben und sie wieder als einzige Reflexzonen-Therapeutin empfahl.

Bei ihren Eltern in Dänemark konnte unsere Freundin nur mit dem weiblichen Pol der Stärke arbeiten, weil sie zu sehr regrediert und unter Schock stand, als dass sie irgendetwas anderes hätte tun können. Im zweiten Fall konnte sie zum männlichen Pol wechseln und sich der Situation stellen, indem sie ihre Bedürfnisse und Wünsche klar artikulierte. In beiden Fällen gewann sie an Kraft.

> Um zu verstehen, wie wir zu unserer Kraft zurückfinden, dürfen wir eins nie vergessen: Wenn wir unsere Ängste nicht akzeptieren – den weiblichen Pol – können wir auch nicht zum männlichen Pol wechseln und Risiken eingehen.

Ein Wagnis einzugehen muss stets darauf gründen, dass wir unsere Ängste und Unsicherheiten zutiefst annehmen. Die Grundlage unserer Kraft ist das tiefe innere Gefühl, dass nichts falsch daran ist, so viel Angst zu haben – auch wenn diese noch so groß ist.

Unser Trauma und unsere Ängste wertschätzen
Wenn wir die Lektion des Lebens lernen wollen, wieder in unsere Kraft zu kommen, besteht der erste Schritt also darin, unsere Ängste zu würdigen und zu achten. In einem unserer Workshops, in dem es um die Heilung von Schock und Trauma geht, machen wir eine Übung, die den Teilnehmern hilft, mehr zu erfahren über ihre verwundete Fähigkeit, Grenzen zu setzen. Sie nehmen ein Stück Schnur und legen einen Kreis um sich herum, dort wo sie ihre Grenzen spüren. Dann bitten sie ihren Übungspartner, eine wichtige Person aus ihrem Leben zu vertreten, sei es aus ihrer Gegenwart oder aus der Vergangenheit. Diese kommt ihnen immer näher, bis sie irgendwann „Stopp!" sagen, wenn es sich richtig anfühlt. Sie fühlen die Energie, die hinter ihrem „Stopp!" steckt. Dann sagt ihnen ihr Übungspartner, wie er ihr „Nein!" empfunden hat.

Der eine entdeckt dabei vielleicht, dass hinter dem Ausdruck seines Neins keine Energie steckt, als hätte er kein Recht dazu, Nein zu sagen. Ein anderer ist eventuell gar nicht in der Lage, Nein zu sagen. Und hin und wieder erfährt jemand, dass der mit der Schnur gelegte Kreis seinem aktuellen Gespür für seine Grenzen gar nicht entspricht – er liegt dort, wo er ihn gerne hätte, nicht dort, wo die Grenze in Wirklichkeit verläuft.

Einige Leute entdecken dabei, dass ihre Grenze innerhalb ihres Körpers liegt und der andere nach Belieben in sie eindringen darf. Sie haben solche Übergriffe so oft zugelassen, dass sie ihren eigenen Körper nicht mehr dagegen schützen können. Andere setzen ihre Grenzen weit draußen und haben schreckliche Angst, jemanden in ihre Nähe kommen zu lassen. Meistens wird durch diese Übung klar, dass wir uns den Grenzverletzungen durch andere dadurch angepasst haben, dass wir entweder immer „Ja" oder immer „Nein" sagen. In unserer Verletztheit haben wir nie gelernt, was es bedeutet, präsent zu sein und zu fühlen, ob unsere Wahrheit gerade jetzt ein Ja oder ein Nein erfordert. Wir haben nie gelernt, unseren eigenen Gefühlen gemäß und dem gegenwärtigen Augenblick entsprechend zu reagieren.

Diese Übung hilft uns auch die nackte Angst zu entdecken, die wir verspüren, wenn die Person, die sich uns nähert, jemanden darstellt, der in unserer Vergangenheit unsere Grenzen vehement verletzt hat.

Der Prozess, in dem wir unsere Bedürfnisse und unsere Grenzen achten lernen, verläuft langsam und manchmal entmutigend, weil wir so große Angst haben. Mit jedem kleinen Wagnis, das wir eingehen, spüren wir allmählich immer klarer, dass wir das Recht haben für uns ein zu stehen und dass wir weder an Einsamkeit noch an Aggressivität sterben werden, wenn wir es tun. Jeder kleine Schritt in diese Richtung baut Kraft und ein inneres Selbstwertgefühl auf. Heilung erfolgt dann, wenn wir unseren Schock fühlen und würdigen. Der Schock sitzt sehr tief. In dem Moment, wo wir von Schock und Schrecken übermannt werden, ist es extrem schwierig, uns so zu behaupten, wie wir es gerne möchten. Uns selbst herunter zu machen, weil wir dazu nicht fähig sind, hilft uns nicht weiter. Es liegt an unserer Vergangenheit, dass gewisse Leute uns nun einmal schreckliche Angst einjagen. Und wenn wir heute mit solchen Menschen zu tun haben, können wir uns noch einmal klein, machtlos, unsicher, in Gefahr, wertlos oder unfähig fühlen. Solche Situationen lassen eine frühe Wunde wieder aufbrechen. In Gegenwart solcher Menschen regredieren wir.

Bewusst werden, was wir fühlen und denken
Weil wir traumatisiert sind und konditioniert wurden, in einer bestimmten Weise zu denken und zu fühlen, haben viele ihre Integrität schon vor langer Zeit verloren. Die meisten von uns könnten mit all dem, was wir „hätten sagen sollen", dicke Bände füllen. Rückblickend können wir außerordentlich brillant, redegewandt und selbstsicher reagieren, doch in dem Augenblick, wo ein Übergriff oder eine Respektlosigkeit erfolgt, sind wir stumpf und fügsam. Und nicht nur das: Weil wir unsere Integrität verloren haben und uns innerlich minderwertig fühlen, laden viele von uns Respektlosigkeiten geradezu ein. Um alle Unebenheiten zu glätten und unsere kleine Welt ein wenig sicherer zu machen, haben wir womöglich eine gefällige Persönlichkeit entwickelt. Und nun verurteilen wir uns vielleicht auch noch dafür, so gefällig und fügsam zu sein. Es stellt eine riesige Herausforderung dar, diese Rolle aufzugeben, ehrlich und direkt zu sein und Auseinandersetzungen nicht mehr aus dem Weg zu gehen.

Wir hatten ein kleines Strandhäuschen im australischen Byron Bay gemietet. Weil es Hochsaison war, war auch die Miete entsprechend. Als wir ankamen, fiel mir (Amana) sogleich auf, wie schmutzig alles war, doch keiner von uns sagte ein Wort. Wir wollten die Hausverwalter, die bei unserer Ankunft soeben ihre „Reinigung" beendet hatten, nicht beleidigen. Tags darauf merkten wir, dass der Videorecorder nicht funktionierte. Wir lieben es, uns Videos anzuschauen, besonders wenn wir nicht arbeiten und Freizeit haben. Wir riefen bei der Verwaltung an und baten sie, den Schaden zu beheben. Tage vergingen, ohne dass sich jemand darum gekümmert hätte, und wir ärgerten uns immer mehr, dass wir für ein so schmutziges Haus und einen so schlechten Service eine derartig hohe Miete bezahlten. Wir erkannten beide sehr genau, wie unsere Persönlichkeitsstruktur „Netter Mensch!" spielte, und es uns mit ihrem „Warum so viel Aufhebens machen?" und „Es ist ja nur für kurze Zeit!" schwer machte, uns aufzuraffen und uns zu wehren. Schließlich schafften wir es doch, klarzustellen, dass wir das Videogerät „jetzt" repariert haben wollten. Darauf meldeten sich die Besitzer, entschuldigten sich und boten uns an, auf ihre Kosten einen Tag länger zu bleiben.

Diese Erfahrung lehrte uns ein paar wertvolle Dinge: Zum einen erkannten wir, dass wir beide eine Persönlichkeitsstruktur vom Typ „guter Mensch" haben, die Angst hat, jemanden zu verstimmen oder zu belästigen. Zum zweiten wurde uns aber auch klar, dass wir hohe Ansprüche haben und nicht mehr an Orten leben mögen, die diesen Ansprüchen nicht genügen. Und zum dritten lernten wir auch, dass es nicht nur in Ordnung ist, unsere Unzufriedenheit auszudrücken, sondern auch wirklich wichtig.

Wenn wir uns respektlos behandelt fühlen, richtet sich die meiste Wut gegen uns selbst – dass wir uns nicht die Zeit nehmen und es uns nicht wert sind, zu fühlen und zu erkennen, was wir wollen und was wir brauchen. Viele von uns sind so traumatisiert, dass wir wieder lernen müssen, auf uns selbst zu hören. Damit wir das tun können, ist es wichtig, alles genügend zu verlangsamen, sodass wir uns überhaupt wieder fühlen können. Traumata und Übergriffe bewirken, dass unser Nervensystem aufdreht – wir können hyperwachsam und hyperaktiv werden.

Noch schlimmer wird es in Situationen, in denen wir vor jemandem Angst haben. In solchen Momenten ist es schwierig, uns selbst zu spüren. Wir haben gelernt, „Ja" zu sagen und das zu akzeptieren, was andere, vor allem Autoritätsfiguren, als Wahrheit verkünden. Wir lernen uns mit vielem abzufinden, weil es unvorstellbar für uns ist es nicht zu tun. Bevor wir also auch nur daran denken können, angemessene Grenzen zu setzen und für das ein zu stehen, was wir fühlen, denken, brauchen und wahrnehmen, müssen wir erst einmal langsam und geduldig anfangen, Übergriffe in dem Moment zu spüren, wo sie geschehen. Das heißt, wir müssen sehr genau registrieren, was in uns geschieht, wenn jemand unsere Grenzen übertritt.

Uns unsere Wut zu Eigen machen

Ein Paar, mit dem wir gearbeitet haben, war seit fünf Jahren zusammen. Der Vater der Frau war gewalttätig und hatte sie früher geschlagen. Daher hat sie noch immer große Angst vor Männern und misstraut ihnen zutiefst. Ihr Freund hat Wutanfälle und hatte frühere Freundinnen ebenfalls geschlagen. Bis vor kurzem war sie unfähig gewesen, ihm ihre Verletztheit oder ihre Wut zu zeigen, denn sie hatte zu große Angst vor seiner Reaktion. Stattdessen drückte sie ihre aufgestaute Wut indirekt aus, indem sie ihm ihre Liebe entzog, ihn kritisierte und ihm in vielen kleinen Fragen des Zusammenlebens und Zusammenarbeitens dauernd widersprach. Allmählich beginnt sie, die Wut zu spüren, die sie gegen ihn hegt, weil er ihr gegenüber ausfallend wird. Doch noch viel wichtiger ist, dass sie anfängt, ihre Wut gegen ihren Vater und gegen alle Männer zu spüren, die brutal mit Frauen umgehen. Bevor sie mit ihrer Wut in Kontakt kommen konnte, musste sie sich jedoch zuerst sicher fühlen. Sie konnte ihrem Freund sagen, dass sie seine feste Zusicherung brauche, ihr gegenüber niemals körperliche Gewalt anzuwenden, ganz gleich, wie wütend er sei. Erst seine aufrichtige Zusage, er werde dieses Versprechen einhalten, erlaubte ihr, ihre Wut voll auszudrücken. Das war ein riesiger Schritt und eine ungeheure Erleichterung für sie. Zur Zeit sind die beiden zusammen in einer Therapie und erlernen eine Technik, um einander in einem sicheren und geschützten Rahmen Gefühle zu zeigen.

Nach unserer Erfahrung gibt es keine Alternative und keine Abkürzung dafür, unsere Wut zu spüren und auszudrücken. Uns unsere Wut zu Eigen zu machen ist das Tor zu Leidenschaft, Kraft und Stärke. Als Kind haben wir gelernt, Grenzverletzungen als gegeben hinzunehmen und uns sogar dafür verantwortlich zu fühlen. Das Ergebnis ist in der Regel ein tiefer Zustand von Schock, Angst und Kollaps. Doch sobald sich der Schock zu lindern beginnt, taucht Wut auf.

Manchmal bitten wir die Leute in unseren Kursen, sich in ihrer Phantasie einen Film über ihre Kindheit anzuschauen und dabei die Szenen mit Grenzverletzungen und Lieblosigkeiten, die sie durchlitten haben, noch einmal zu erleben. Es braucht etwas Nachhilfe von unserer Seite und sehr viel Mut, beim Betrachten unseres Kindheitsfilms den Blickwinkel des verständnisvollen und verzeihenden Erwachsenen aufzugeben und das Geschehen einfach einmal aus der Perspektive eines hilflosen Kindes nachzuempfinden.

Wir können nicht aufrichtig vergeben, ehe wir nicht das ganze Ausmaß dieses Verrats aus der Perspektive des hilflosen Kindes gefühlt haben. Und wenn wir mit unserer Wut in Kontakt kommen, so geschieht dies nicht in der Absicht, die Verantwortlichen, die unsere Grenzen verletzt haben, zu bestrafen oder ins Unrecht zu setzen.

Dieser Prozess dient einzig dazu, die Stärke und Weisheit zu erwecken, die in uns schlummert. Eine Stärke, die weiß, was für uns richtig ist und wie wir uns schützen können, wenn uns etwas bedroht.

> Ein Mann, der kürzlich ein Seminar von uns besuchte, war im Begriff, sich nach zwanzig Jahren Ehe von seiner Frau zu trennen. Die meiste Zeit hatte er die Rolle des Retters und sie jene des hilflosen Kindes gespielt. Langsam erkannte er, dass ihn diese Rolle einschränkte, und begann Schritt für Schritt damit, seine Retterrolle abzugeben. Seine Frau wehrte sich vehement dagegen. Sie fühlte sich verraten und im Stich gelassen. Kurz vor Beginn unseres Workshops teilte er ihr seine Teilnahme mit, worauf sie nichts erwiderte. Als er eintraf, stellte er schockiert fest, dass sie die Gruppe ebenfalls gebucht hatte, ohne ihm etwas zu sagen. Bevor wir anfingen, führten wir mit beiden ein Gespräch. Darauf gab er seine Einwilligung, dass sie ebenfalls teilnehmen könne, jedoch nur unter der Bedingung, sich während des Prozesses auf keinerlei Weise in seine Angelegenheiten zu mischen oder mit ihm in Beziehung zu treten. Für ihn war das ein Riesenschritt.

Es zeigte sich, dass diese Erfahrung für beider inneres Wachstum ein großer Gewinn war. Die Frau lernte, sich den Raum für ihren Schmerz und ihre Einsamkeit zu nehmen, und gewann dabei eine innere Kraft, die sie nie zuvor gekannt hatte. Der Mann konnte mit seiner neu gefundenen Freiheit Neuland erforschen und sicher sein, dass er deswegen nicht bestraft wurde. Er lernte, dass er das Recht hatte, Nein zu sagen, und das gab auch ihm innere Kraft. Der Prozess, wie wir in unsere Kraft kommen, verläuft nicht linear. Vielleicht fassen wir uns ein Herz und reagieren auf eine neue und kraftvollere Weise und erleiden danach einen Anfall von frühkindlicher Panik und Schuld – vor allem dann, wenn unser neues Verhalten negative Reaktionen auslöst. Dann zweifeln wir an uns und haben womöglich das Gefühl, etwas schrecklich Falsches getan zu haben. Wenn Ja zu uns zu sagen bedeutet, zu jemand anderem Nein zu sagen, löst das in uns Angst vor Zurückweisung und Bestrafung aus und wir fühlen uns schuldig und als schlechter Mensch. Wir machen also einen Schritt nach vorn und krebsen vielleicht aus Angst und Schuldgefühlen wieder zurück. Der Fortschritt verläuft daher nicht gradlinig.

Kleine Schritte

Der Prozess, in unsere Kraft zu kommen, verlangt von uns den Mut, uns mit unseren Ängsten zu konfrontieren – wie immer sie auch aussehen mögen. Doch neben diesem festen Vorsatz, unserer Angst ins Auge zu blicken, braucht es auch sehr viel Mitgefühl mit uns selbst. Wenn wir uns der Angst stellen, die mit unserer Verletzlichkeit einhergeht, oder uns erlauben, wütend zu werden, oder wenn wir jemandem, der uns nahe steht, zu verstehen geben, was wir wollen, auch wenn dies seinen Wünschen zuwiderläuft, so öffnen wir damit den Zugang zu einer schrecklichen frühkindlichen Angst. Es lässt sich nicht mit Worten beschreiben, wie Furcht erregend das sein kann. Wenn es sich nicht schrecklich anfühlt, ist es wahrscheinlich gar kein echtes Wagnis, das wir eingehen.

Wir können davon ausgehen, dass wir uns ein Leben lang betrogen haben, dass wir uns unsere Kraft rauben ließen, nett waren, auch wenn wir gar nicht nett sein wollten, und Kompromisse machten, nur um ein paar Krümel Zuwendung zu erhalten. Alles andere hätte nackte Angst hervorgerufen. Wenn wir diese alten, eingefahrenen Muster zu verändern beginnen, können wir Ängste verspüren, von denen wir nie und nimmer geglaubt hätten, dass sie in uns stecken. Genau darum empfehlen wir auch kleine Schritte. Wage etwas, aber nur etwas Kleines! Und denke immer daran, dass es auch mal schief gehen kann.

Das Leben wird uns immer wieder Gelegenheiten bieten, um unsere Integrität zurück zu gewinnen. Der wichtigste Schritt in diesem Prozess ist unsere Bereitschaft, ständig zu beobachten und wahrzunehmen, wann wir uns selbst nicht respektieren. Daraus ergibt sich alles Weitere von alleine. Sobald wir diesen festen Vorsatz fassen, setzt sich ein Prozess in Gang, der wie von selbst immer mehr in Fahrt kommt. Dabei wird uns zunehmend bewusst, auf welche Weise wir nicht zu unserer Wahrheit stehen.

Wir entwickeln Verständnis und Mitgefühl für die Zeiten, wo wir keine andere Wahl hatten, als uns selber untreu zu werden. Wir fangen an uns zu vergeben, wenn wir immer noch zu viel Angst haben oder zu sehr unter Schock stehen, um klare Grenzen zu setzen. Wir spüren immer besser, wie sich unser Körper anfühlt, wenn unsere Grenzen verletzt wurden oder wenn wir uns selbst verraten haben. Und je mehr wir fühlen, wie schmerzhaft es ist, faule Kompromisse einzugehen und uns aufzugeben, desto eher finden wir die Kraft, Schritt für Schritt für uns selbst ein zu stehen.

Ein paar einfache Fragen können uns in diesem Prozess dabei unterstützen, unsere Integrität und Selbstachtung zurück zu gewinnen:

1. Welche Menschen in meinem heutigen Leben bewirken, dass ich mich auf eine Weise verhalte, die meine Integrität und meine Selbstachtung schmälert?

2. Wie fühle ich mich innerlich, wenn ich mit jemandem zusammen bin, der mich unsicher macht?

3. Wie verhalte ich mich in einer Situation, in der ich mich unsicher und ungeschützt fühle?

4. Wie geht es mir innerlich, wenn ich mich aufgegeben habe oder spüre, dass jemand mir gegenüber respektlos war?

5. Wieso ist es schwierig für mich, diesen Menschen Grenzen zu setzen? Wovor habe ich Angst?

6. Was müsste ich eigentlich zu ihnen sagen, damit ich mich mehr in meiner Kraft fühlen würde?

7. Welche Situationen in meinem Leben sind nicht erfüllend für mich?

8. Weshalb suche ich diese Menschen oder diese Situationen trotzdem noch auf?

Dieser Prozess braucht Zeit, und es gibt dabei keinen „richtigen Weg". Die Vorstellung, es gebe einen richtigen Weg, um unsere Integrität zurück zu gewinnen, setzt uns nur unter Druck und verstärkt unsere Scham versagt zu haben. Unser Körper ist ein wunderbarer Gradmesser für das, was in uns passiert, während wir mit Menschen und mit der Außenwelt interagieren. Ängste und Traumen haben uns dazu gebracht, nicht mehr auf unsere Körpersignale zu hören. Wir müssen wieder lernen, diesen Schatz zu endecken, der doch so unübersehbar ist.

Wenn wir uns die Zeit nehmen und sorgfältig hinhorchen, entdecken wir, dass uns unser Körper jeweils signalisiert, wann wir uns sicher fühlen, wann es gefährlich wird und ob eine bestimmte Situation oder gewisse Menschen für uns richtig sind oder nicht. Wenn wir unser Hauptaugenmerk darauf legen, auf unseren Körper zu hören, und uns nicht so sehr darum zu kümmern, ob wir „das Richtige" sagen oder tun, ob wir Grenzen genau richtig setzen oder uns behaupten können, lastet viel weniger Druck auf uns. Aus jeder Erfahrung können wir lernen, wieder besser auf uns zu hören.

Wenn wir beginnen, uns auf diese feinen inneren Signale einzustimmen, dann lernen wir auch, unseren Gedanken und unserer Wahrnehmung der Außenwelt zu vertrauen, und wir hören auf, uns zwanghaft an andere zu wenden, damit sie uns sagen, was wir fühlen, denken und tun sollten. Wir lassen uns weniger leicht beeindrucken oder aus dem Konzept bringen und sind nicht mehr so leichtgläubig.

Es ist wichtig zu verstehen, dass unsere Fähigkeit, anderen Menschen Grenzen zu setzen, in Wirklichkeit nichts mit der jeweiligen Person zu tun hat. Andere müssen sich in keiner Weise ändern. Wir werden einen Punkt erreichen, an dem wir das tun, was sich für uns richtig anfühlt, an dem wir uns nicht länger betrügen und an dem stark und reif genug sind, die Konsequenzen zu tragen – ganz gleich, was die anderen auch tun oder sagen mögen.

Die Agonie der Liebenden
brennt im Feuer der Leidenschaft ...
Das Wehklagen gebrochener Herzen
ist der Weg zu Gott.
Rumi

9. Kapitel

Das Leben geschehen lassen:
Frustration und Enttäuschung aushalten

Kürzlich erzählte eine Frau in einem Seminar über ihre Beziehungsprobleme. Sie fand, ihr Freund sei nicht so für sie da, wie sie es sich wünschte. Sie liebte ihn sehr, war aber frustriert, denn vieles, was er tat, diente nur dem Zweck, sich nicht zu spüren oder nicht wirklich etwas aus seinem Leben zu machen. Ihrer Meinung nach rauchte er zu viel, trank zu viel Bier, sah zu viel fern und aß zu viel. Wir halfen ihr in Kontakt mit der Wut zu kommen, die sie empfand, weil er nicht für sie da war – und auf einer tieferen Ebene auch mit der Wut auf ihre Eltern, die sowohl in der Kindheit als auch heute noch nicht wirklich für sie da waren. Doch wie sollte sie mit ihrem Freund umgehen? Das war gar nicht so einfach, denn wenn sie ihm gegenüber ihren Frust zeigte, ging er nur noch mehr auf Distanz, und sie hatte auch keine Lust, immer nur wütend und unleidlich zu sein. Sie musste etwas viel Tieferes lernen als nur ihre Wut auszuagieren.

„Wie wäre es für dich, ihn genau so zu akzeptieren, wie er ist?", fragten wir.

„Wenn ich das tue, bekomme ich nie die Liebe, die ich brauche. Er verschwindet dann einfach in all seinen vielen Aktivitäten."

„Wie fühlt es sich für dich an, hinzunehmen, dass es nichts gibt, was du tun kannst, um ihn zu ändern, und dass deine Bemühungen ihn zu ändern alles nur noch schlimmer machen?", wollten wir wissen.

„Das fühlt sich schrecklich an. Das kann ich nicht. Ich will nicht mit einem Mann zusammen sein, der nie da ist."

„Ist es dir bisher gelungen, ihn zu ändern?"

„Nein."

„Liebst du ihn so sehr, dass du mit ihm zusammen sein möchtest, selbst wenn er sich nie ändert?"

Sie dachte eine Weile über diese Frage nach.
Schließlich sagte sie: „Ja, ich glaube schon."

Diese Situation ist wahrscheinlich den meisten von uns vertraut. Wir machen die Erfahrung, dass es etwas gibt, was uns an einem Freund oder Geliebten, einem uns nahe stehenden Menschen unglaublich frustriert, und wir versuchen zwanghaft ihn oder sie zu ändern. Selbst wenn wir wissen, dass unsere Wutausbrüche, unsere Kritik und unsere Ratschläge alles nur noch schlimmer machen – wir können es nicht lassen.

Solche Situationen enthalten eine grundlegende Lebensaufgabe: Sie provozieren in uns das Gefühl von Verrat. Ein Teil dieses Gefühls, betrogen zu werden, hat seine Wurzeln in unserer Kindheit; ein weiterer Teil liegt darin, dass wir durch sie einem existenziellen Gefühl von Alleinsein ausgesetzt sind, das sich oft nur schwer ertragen lässt.

Wir nennen das die „Entzugs-Meditation" – *Meditation of Deprivation*. Als Deprivation bezeichnet man das fortwährende Gefühl, dass uns etwas fehlt. Dieses Gefühl von Mangel löst in uns ein zwanghaftes Bestreben aus, die damit einhergehende Unzufriedenheit und das Unbehagen aus dem Weg zu schaffen. Der einzig mögliche Weg dazu scheint der zu sein, den anderen Menschen oder die Situation, die uns so viel Unbehagen bereitet, zu verändern.

Die Erfahrung von Deprivation ist oft dann am intensivsten, wenn wir sie in einer vormals erfüllenden Situation machen. Wenn wir uns geliebt fühlen und uns aus irgendeinem Grund die Liebe entzogen wird, kann das furchtbar sein. Wenn wir tatsächlich zugelassen haben, uns einem anderen Menschen zu öffnen und uns verletzbar zu machen, und dieser Mensch uns dann verlässt, wird das oft als bitterer Verrat empfunden.

> Das Gefühl von Verbundenheit, Wärme und Liebe zu einem Menschen erscheint uns wie eine Kostprobe des Himmels. Der Entzug dieser Liebe dagegen wie eine Kostprobe der Hölle. Genau das verstehen wir unter Deprivation.

Wenn wir uns einer Deprivation ausgesetzt fühlen, stellen wir normalerweise keine Verbindung her zwischen der Verletztheit, Gereiztheit oder Wut auf das Verhalten eines anderen Menschen und ihrem eigentlichen Ursprung, der in unserer Kindheit liegt. In der Regel sind wir uns auch nicht bewusst, dass wir in solchen Momenten mit einem existenziellen Unbehagen konfrontiert werden. Stattdessen verspüren wir meist ein tiefes Misstrauen gegen den Menschen in unserem Leben, der unsere Frustration ausgelöst hat.

Vielleicht lassen wir uns nichts anmerken, oder vielleicht wird uns gar nicht bewusst, was der Auslöser war; wir wenden uns einfach von diesem Menschen ab und öffnen uns nicht mehr so tief. In jeder engen Beziehung werden wir uns viele Male mehr oder weniger depriviert und verlassen fühlen – das gehört nun einmal dazu, ist jedoch schwierig zu akzeptieren.

Niemand kann all die Löcher füllen, die aus den emotionalen Deprivationen in unserer Kindheit übrig geblieben sind, und niemand kann uns vor der existenziellen Wahrheit bewahren, dass wir im Grunde allein sind und uns selbst und dem Tod allein gegenübertreten müssen. Es hilft jedoch, wenn wir verstehen, dass wir innere Kraft gewinnen, wenn wir es schaffen, die Erfahrung von Deprivation zu machen und dabei zu lernen, die Enttäuschung und Frustration auszuhalten, nicht das zu bekommen, was wir eigentlich möchten. So entwickeln wir echtes Vertrauen und reifen zu ganzen Menschen heran.

Ohne diese Erfahrung werden wir nie erwachsen, sondern bleiben Kinder, die hoffen und erwarten, dass uns die anderen Menschen und das Leben immer genau das geben, was wir uns wünschen. Indem wir Deprivationen als lebenswichtige spirituelle und emotionale Erfahrungen auffassen und verstehen, lernen wir offen zu sein für das, was uns das Leben bringt. Wir lernen, dass wir jedes Gefühl, welches in uns aufsteigt, willkommen heißen können, und das verschafft uns eine immense Freiheit. Statt uns von den Menschen abzuwenden und unser Herz zu verhärten, lernen wir es aushalten, nicht immer das zu bekommen, was wir wollen, auch wenn es uns manchmal scheint, als würden wir vor Frustration vergehen.

Was ist Deprivation?
Die meisten von uns glauben zu wissen, was es heißt, verlassen zu werden: Ein Mensch, den wir lieben, geht weg oder stirbt, hat eine Affäre oder ist physisch oder emotional kaum bzw. nie für uns da. Deprivation kann jedoch noch viel subtiler sein. Wenn wir mit jemandem zusammenleben, wird die Wunde der Deprivation in uns immer dann aktiviert, wenn er auf irgendeine Weise nicht unseren Erwartungen entspricht. Wir können uns depriviert fühlen, wenn ein nahe stehender Mensch etwas tut oder sagt, das uns von ihm entfernt. Oder wir können uns depriviert fühlen, wenn ein geliebter Mensch oder ein naher Freund Persönlichkeitsanteile offenbart, die wir nicht mögen, und sich beispielsweise kindisch, verantwortungslos, egozentrisch oder rücksichtslos benimmt.

Unsere Wunde der Deprivation kann auch aktiviert werden, wenn wir jemand anderen als unehrlich empfinden, wenn es ihm an Integrität mangelt, wenn er in Suchtverhalten verfällt oder sich vor dem Leben drückt. Sie kann sogar schon dann aufbrechen, wenn er oder sie einmal auf eine Weise riecht, die wir nicht mögen, Freunde hat, die wir nicht leiden können oder einen Film gut findet, der uns missfällt. Deprivation und das Gefühl von Verlassenheit entstammen ein und derselben Wunde, doch meistens fühlen sie sich verschieden an. Wenn uns jemand verlässt oder jemand stirbt, der uns nahe steht, werden wir höchstwahrscheinlich direkt mit der Wunde der Verlassenheit konfrontiert. Bei der Deprivation hingegen erleben wir ständig kleine Dosen von Verlassenheitsgefühlen, wobei es jemanden gibt, von dem man sich betrogen fühlt, auf den man wütend werden kann und der einen frustriert oder enttäuscht.

Unsere Energie kann dadurch davon abgelenkt werden, den Schmerz zu spüren, der hinter der Erfahrung von Deprivation liegt, und dazu übergehen, unserem Gegenüber die Schuld an unserem Schmerz zuzuschieben. Selbst die geringste Kleinigkeit kann so frustrierend und enttäuschend sein, dass es uns scheint, als müssten wir vor lauter Frustration vergehen und sterben. Wir regredieren sehr leicht in den Zustand eines Kindes, das meint, man solle es doch besser behandeln – es sei unfair oder ungerecht, wenn die anderen so sind, wie sie sind, und sie sollten sich doch bitte ändern.

Sobald wir uns im Stich gelassen fühlen, reagieren wir darauf vielleicht mit Vorwürfen, mit Wut, Racheakten, Resignation oder mit Rückzug. Gewohnheitsmäßig richten sich unsere Energie und Handlungen darauf aus, die Frustration zum Verschwinden zu bringen. Wir können uns vom anderen abwenden, einen Wutanfall kriegen, die Beziehung abbrechen, Drogen nehmen, uns mit Essen voll stopfen oder uns in unsere Arbeit vergraben, nur damit wir uns besser fühlen.

Unter unseren Reaktionen auf das Gefühl, nicht das zu bekommen, was wir wollen, liegt eine elementare Angst begraben. Die Angst, die wir spüren, wenn wir verlassen werden, ist dieselbe Angst wie die, von der Liebe abgetrennt zu sein, nie das zu bekommen, was wir brauchen, für immer einsam und ungeliebt zu bleiben und nie gehalten oder unterstützt zu werden. Bei der Deprivation tritt sie in kleineren Dosen und häufiger auf. In solchen Augenblicken erleben wir, ohne es zu wissen, frühere Erfahrungen wieder, die für uns unerträglich schmerzhaft und Angst einflößend waren. Auch hier gilt: Nur wenn wir ein gewisses Verständnis für die tiefere Bedeutung jener Situationen haben, die diese Ängste in uns hervorrufen, können wir sie aushalten und präsent genug sein, um die Panik zu fühlen, in die sie uns stürzen. Wir müssen den Wert dieser Erfahrungen erkennen, um sie aushalten und verarbeiten zu können.

> Jemandem nahe zu sein, bringt längst vergessen geglaubte Gefühle von Verlassenheit ans Licht.

Wenn in unserem heutigen Leben eine Deprivation eintritt, ist sie das Echo einer tief in uns verborgenen Wunde, die aus Kindheitserfahrungen herrührt, wo wir uns im Stich gelassen und ungeliebt fühlten. Auf die eine oder andere Weise haben wir uns alle schon früh im Leben verlassen gefühlt – vielleicht weil ein Elternteil von zu Hause fort ging, als wir noch klein waren; weil er körperlich oder gefühlsmäßig nicht für uns da war; weil wir nicht gesehen oder angenommen wurden oder nicht erwünscht waren; oder weil wir durch zu hohe Forderungen und Erwartungen überfordert waren – es gibt unzählige Möglichkeiten, wie wir uns verlassen fühlen konnten. Diese Wunde in uns hat ihre Wurzeln darin, dass uns in unserer Kindheit Empathie, Halt, Schutz, Nahrung, Zuwendung, Unterstützung oder Anleitung gefehlt hat.

Kein Mensch hat eine perfekte Kindheit erlebt, doch selbst wenn man optimal für uns gesorgt hätte, würden wir eine innere

Leere verspüren, der wir uns stellen müssten. Die Erfahrung von Deprivation und Verlassenheit resultiert letztlich daraus, den Mutterschoß verlassen und uns später von unserer Mutter trennen zu müssen. Wenn wir älter werden, vergraben wir in der Regel den Schmerz und die Angst vor diesem Gefühl von Verlassenheit tief in uns, bis wir einen anderen Menschen an uns herankommen lassen. Dann tauchen sie wieder auf, und nun wird es ernst mit der „Meditation der Verlassenheit und Deprivation"!

Wenn wir mit der Frustration und der Panik, die mit Deprivation einhergehen, oder mit dem Schmerz der Verlassenheit konfrontiert werden, verlieren wir uns leicht in Gefühlen von Bitterkeit, Wut oder Verzweiflung. Oder wir fallen in eine tiefe Resignation, stauen die Energie und den Zorn in uns an und werden vielleicht sogar depressiv.

Auf der emotionalen Ebene reduzieren oder unterdrücken wir entweder unsere Gefühle oder wir empfinden Zorn und Groll. Es ist wichtig, ein geschärftes Bewusstsein dafür zu entwickeln und hinzuspüren, auf welche Weise wir in unserer Kindheit Verlassenheit und Deprivation erlebt haben.

Es hilft jedoch auch, wenn wir wissen, dass dies mehr als nur eine psychologische Erfahrung ist. Sie führt uns in den tiefsten Bereich unserer Seele und öffnet uns der Existenz. Sicher ist es umso schwieriger, mit Verlassenheit und Deprivation umzugehen, je stärker wir als Kinder emotional depriviert waren, doch unserer Erfahrung nach bleibt niemand von diesem Schrecken und diesem Schmerz verschont.

Wenn wir also durch sie hindurchgehen müssen, dann heißt das keineswegs, dass mit uns etwas nicht stimmt, im Gegenteil: Dies ist das Tor, das wir durchschreiten müssen, um uns direkt mit der Existenz zu verbinden und das Vertrauen zu fühlen, das entsteht, wenn wir erkennen, dass wir vom Leben selbst getragen und umsorgt werden.

Unsere Seele kann den Wert von Deprivation erkennen
Während unser regrediertes Kind verzweifelt und zwanghaft nach Wegen sucht, um der Panik von Deprivation und Verlassenheit zu entfliehen, gibt es auch einen Wesensanteil in uns, der diese Panik anzieht. Dieser Teil weiß: Wenn wir lernen, diese Furcht zu fühlen und auszuhalten, dann stellt dieser Vorgang ein wesentliches Übergangsritual dar, um unser Gefühl für unser Selbst zurück zu gewinnen. Wahrscheinlich ist dies der bedeutsamste Faktor, der uns aus unserem kindlichen Bewusstsein herausholt und uns reifen lässt. Viele Beziehungen erleiden Schiffbruch, weil es uns am Verständnis dafür mangelt, dass wir viele deprivierende Situationen aushalten müssen, wenn wir in einer Beziehung wirkliche Nähe herstellen wollen.

> Anna und Thomas begannen die Arbeit an sich selbst vor mehreren Jahren. Anna war dabei, ihre langjährige Beziehung zu ihrem Ehemann, mit dem sie zwei Kinder hatte, abzubrechen. Ihr neuer Freund Thomas war ein Luftikus, der noch nie eine längere Beziehung eingegangen war. Anna war überzeugt, in ihm die große Liebe ihres Lebens gefunden zu haben, und geriet in Panik, wenn er sie auch nur einen einzigen Tag allein ließ. Beim geringsten Hinweis, dass Thomas nicht hundertprozentig für sie da war, reagierte sie mit einer Mischung aus Wut und hysterischer Angst. Natürlich reizte ihn dieses Verhalten nur, noch häufiger wegzubleiben. Anna fehlte die Einsicht, dass sie eine Einladung der Existenz erhielt, ihre Ängste zu fühlen. Sie glaubte, Thomas achte sie nicht, weil er sich nicht mehr Zeit für sie nahm. Schließlich beteuere er stets, dass er sie liebe – und Liebe bedeutete ihrer Meinung nach, für den anderen da zu sein, wenn nicht immer, so doch die meiste Zeit. Trotz ihrer Ängste und ihrer Überreaktionen hatte sie den starken Willen zu verstehen und zu fühlen, was sich hinter all dem verbarg. Sie folgte unserer Anregung, sich in ihrer ganzen Panik und Frustration nach innen zu wenden, sobald Thomas wegging, und begann gleichzeitig außerhalb ihrer Beziehung Möglichkeiten zu suchen, um Erfüllung zu finden. Sie hatte genügend Vertrauen zu uns und unserer Erfahrung, um zu erkennen,

dass diese Situation wahrscheinlich ihre Wurzeln in ihrer Vergangenheit hatte und es für sie etwas Wichtiges zu lernen gab, was mit ihrem Wunsch nach Thomas' Veränderung nichts zu tun hatte. Dieser Prozess brauchte Zeit. Obwohl sie sich mit ihrem verlassenen Kind auseinander setzte und den Schmerz ihrer Kindheitserfahrungen empfand, reagierte sie immer noch mit Wut oder Hysterie, wenn sie sich durch Thomas depriviert fühlte. Doch allmählich gelang es ihr, ihre Panik auszuhalten, ohne so stark darauf zu reagieren. Das setzte eine Menge Energie in ihr frei, und sie steckte sie in die Eröffnung und Führung eines eigenen kleinen Hotels. Weil sie ihre Ängste nun besser aushalten konnte, hatte auch Thomas mehr Lust mit ihr zusammen zu sein. Heute klappt es wieder prima zwischen den beiden.

> Solange wir von jemandem erwarten, dass er unsere Erwartungen erfüllt, werden wir nie reifer als ein Kind, das bis an sein Lebensende nach der Liebe sucht, die es nicht bekam.

Mit zunehmender Reife lernen wir andere Menschen so zu akzeptieren, wie sie sind. Wir können immer besser damit umgehen, dass sie anders sind als wir, und vielleicht erkennen wir sogar, wie bereichernd ihre Einzigartigkeit ist. Indem wir uns isolieren, können wir vermeiden, uns mit der Frustration und der Angst, depriviert und verlassen zu sein, konfrontieren zu müssen. Wenn wir einen anderen Menschen an uns heranlassen, kommt unsere ganze Sehnsucht nach Intimität, Liebe, Nähe, Berührung, Aufmerksamkeit, Präsenz, Verständnis und Gemeinsamkeit, die wir in unserem Innern bewahrt haben, zum Vorschein. Wie tief diese Sehnsüchte tatsächlich sind, ist uns oft gar nicht bewusst. Und mit diesen Sehnsüchten taucht die Angst auf, dass der andere nicht auf uns eingeht, wenn wir uns endlich öffnen, uns nicht zuhört und uns nicht achtet.

Natürlich werden unsere Erwartungen umso größer, je mehr Öffnung wir uns gestatten; und desto größer ist dann auch die Enttäuschung, der Schmerz, die Frustration und die Panik, wenn sie nicht erfüllt werden. Doch wenn uns bewusst ist, dass Deprivation und Intimität zusammengehören, halten wir einen der wichtigsten Schlüssel in der Hand, um Liebe teilen und aufrechterhalten zu können. Zudem spüren wir, wie sehr wir in Kontakt mit unserer Kraft kommen, wenn wir lernen Deprivationen auszuhalten.

> Beispielsweise hatte ich (Krish) eine Zeit lang ein starkes Bedürfnis nach der Anerkennung und dem Respekt von einem bestimmten Freund. Es machte mich ganz verrückt. Ich war unfähig, ihm auf eine natürliche Weise gegenüberzutreten, ich spürte, dass ich immer etwas von ihm wollte, was er mir nie gab. Je mehr ich von ihm haben wollte, desto frustrierter war ich. Doch mit der Zeit merkte ich, worum es ging: Die Anerkennung, die ich mir von ihm wünschte (die gleiche wie damals als Kind von meinem älteren Bruder), würde ich nie von ihm bekommen. Als ich endlich aufhörte, der Anerkennung hinterher zu jagen, reifte etwas in mir, und erst seitdem konnte unsere Beziehung tatsächlich zu einer Beziehung werden.

Bewusst entscheiden nach innen zu gehen

Weil wir zwei Seiten haben – unser regrediertes Kind, das weglaufen will, und unsere Seele, die den Wert solcher Erfahrungen anerkennt –, ist es wichtig, die bewusste Entscheidung zu treffen, dass wir nach innen gehen und hinspüren werden, statt wie in der Vergangenheit unser Reaktionsmuster abzuspulen oder zu versuchen, uns vom Hinspüren abzulenken.

> Eine Frau in einem unserer Seminare regte sich über ihren Freund auf, weil sie fand, er sei nicht wirklich für sie da. Sie beklagte sich, er sei immer „in seinem Kopf – wie ein Computer!" und beschäftige sich dauernd mit ande-

ren Dingen, statt sich ihrer Beziehung zu widmen. Zudem sei er nicht gewillt ihre Gefühle wahrzunehmen, geschweige denn seine eigenen. Sie fragte sich ständig, ob es nicht besser wäre, ihn zu verlassen, und pendelte hin und her - kaum hatte sie die Beziehung beendet, kehrte sie zu ihm zurück und hoffte, er würde sich ändern und ihr gegenüber offener sein. Schließlich nahmen beide an einem Seminar von uns teil, in der Hoffnung, damit ihre Probleme zu lösen. Wie gewöhnlich spiegelte die heutige Deprivation dieser Frau bloß eine frühkindliche Erfahrung wider. Ihr Vater war distanziert und nie für sie da gewesen, was in ihr einen tiefen Hunger nach einem Mann hervorrief, der präsent war und ihr gefühlsmäßig Aufmerksamkeit schenkte. Und wie es häufig der Fall ist, war die Wunde ihrer Deprivation auch mit Schamgefühlen verknüpft: Tief in ihr gab es auch das Gefühl, dass sie es eigentlich nicht verdiene, einen Mann zu haben, der für sie da war. Ihren Schmerz auf den Freund zu projizieren und ihn dafür verantwortlich zu machen war nur ein Ablenkungsmanöver - die meisten von uns reagieren so. Diese Frau muss sich der schwierigen Aufgabe stellen, ihr inneres Selbstwertgefühl zurück zu gewinnen, indem sie den Schmerz und die Angst spürt, wenn ihr Freund nicht für sie da ist. Sie muss in ihrem Innern den Raum finden, wo sie ihre Angst ertragen kann, ohne außen Ausschau nach Rettung zu halten. Das ist nicht leicht.

Wenn wir aufhören, den anderen anders haben zu wollen als er ist, sind wir gezwungen, uns der Angst zu stellen, dass wir uns für immer depriviert fühlen werden. Anfänglich widersetzen wir uns dieser Lektion des Lebens häufig, nämlich dann, wenn wir fest davon überzeugt sind, dass wir niemals das bekommen werden, was wir brauchen, falls wir loslassen und unsere Deprivation akzeptieren. Aus unseren bisherigen Erfahrungen haben wir vielleicht gelernt, dass wir nur bekommen, was wir wollen, wenn wir darum kämpfen. Aber Liebe steht auf einem anderen Blatt, und wenn es um Liebe geht, helfen uns unsere Kontrolle und alle unsere Bemühungen keinen Schritt weiter – ganz im Gegenteil. Es ist sehr wichtig, viel Geduld und Mitgefühl mit uns selbst zu haben, wenn wir uns von einem Verlust oder einer Zurückweisung erholen müssen oder uns damit abfinden müssen, dass ein anderer Mensch uns nicht das gibt, was wir von ihm möchten.

Wir sagen den Leuten, die wir beraten, oft, dass es keinen absolut „richtigen" Weg gibt. Es ist sehr wahrscheinlich, dass wir zuweilen in alte Reaktionsmuster zurückfallen oder irgendein Suchtverhalten an den Tag legen werden, um unseren Schmerz zu lindern, es ist auch gut möglich, dass wir uns noch einmal in zwanghafte Verhaltensweisen verfangen – den anderen anzurufen oder zu versuchen ihn davon zu überzeugen, dass wir uns gebessert haben, dass er uns verzeihen möge oder uns wenigstens erklären solle, weshalb er uns verlassen hat. Am Ende stellen wir vielleicht fest, dass uns unablässig dieselben Gedanken im Kopf herumschwirren und es kein Mittel zu geben scheint, um sie anzuhalten. Es kann schrecklich sein, sich diesen Gefühlen zu stellen und dabei präsent zu bleiben, weil wir buchstäblich das Gefühl haben, dass wir sterben werden. Manchmal fühlen wir uns so rastlos und aufgeregt wie ein Hamster im Rad oder so deprimiert und verzweifelt, dass es unsere ganze Kraft braucht, morgens aus dem Bett zu kommen. Unsere Gedanken rasen wie wild, und nichts scheint zu helfen oder die Panik zu lindern.

Ein Teil der Schwierigkeiten bei Verlassenheit und Deprivation besteht darin, dass sie sehr eng mit einem Gefühl der Beschämung verbunden sind und man beides nur schwer trennen kann. Wenn wir verlassen werden oder uns jemand zutiefst enttäuscht, müssen wir uns nicht nur mit der Einsamkeit auseinander setzen, sondern auch spüren, wie beschämt wir uns fühlen, weil wir es anscheinend nicht wert sind, geliebt zu werden.

Meistens gibt es eine Stimme in uns, die uns sagt, wir seien es nicht Wert, jemanden zu haben, der wirklich präsent und liebevoll ist, der uns akzeptiert und dem wir wichtig sind. Wer als Kind nicht das Gefühl hatte, angenommen worden zu sein, hat auch als Erwachsener nicht das Gefühl, es zu verdienen. Wenn uns der Schmerz im Griff hat, ist es schwierig zu sagen, was schlimmer ist – die Einsamkeit und Angst, dass wir für immer allein sein werden, oder die Scham, weil wir meinen nicht liebenswert zu sein. In solchen Zeiten wird uns also eine Art Cocktail aus Scham und Verlassenheit serviert.

Mit Zeiten von Deprivation und Verlassenheit umgehen

Um uns von Verlassenheit und Deprivation zu erholen, ist unserer Erfahrung nach das größte Hindernis nicht der Schmerz und der Kummer, sondern die Angst und der Kampf gegen den Schmerz.

> Jeder von uns verfügt über ein unerschöpfliches Kräftereservoir, um mit Verlust und Frustration umzugehen. Schwierig wird es erst dann, wenn wir nicht verstehen, was dabei geschieht und warum es geschieht.

Dieser Mangel an Verständnis und Bewusstheit erzeugt Angst. Und obendrein hat man uns nie beigebracht, dass Schmerz irgendeinen Wert haben könnte. Dadurch konnten wir nicht verstehen, dass wir nur reifen können, wenn wir auch Schmerz als einen integralen Bestandteil des Lebens anerkennen. Durch Schmerz wachsen wir. Statt den Schmerz zuzulassen, bekämpfen wir ihn also meistens. Und wenn wir ihn bekämpfen, wird er zum Leiden und besteht viel länger weiter, als wenn wir ihn akzeptiert und gefühlt und ihm erlaubt hätten, durch uns hindurchzugehen. Sobald wir aufhören uns zu wehren und diese Vorfälle als unvermeidliche Ausflüge in die Tiefe unserer Seele verstehen, kommen wir zur Ruhe. Ein Teilaspekt dieser Einsicht ist die simple Tatsache, dass Liebe Verlust mit sich bringt – das gehört nun einmal zur Erfahrung von Liebe. Wenn wir unser Herz öffnen, wird es sehr oft wehtun. Wenn uns ein Mensch nahe steht, dann werden wir oft Mini-Verlassenheitsgefühle verspüren. Und je näher uns jemand steht, desto intensiver werden diese Gefühle.

Wenn wir eine Weile getrennt sind, gehen wir immer durch eine Zeit, wo uns der andere enorm fehlt. Ein weiterer Aspekt dieser Einsicht ist das Wissen darum, dass die Erfahrungen von Deprivation und Verlassenheit im Unbewussten verborgene Räume öffnen, die nicht heilen können, wenn sie nicht geöffnet werden.

Der Schrecken und der Schmerz aus unserer Kindheit, wenn wir allein gelassen wurden, schlummern noch immer in uns und werden durch ähnliche Erfahrungen wieder aktiviert. Sie können erst heilen, nachdem sie offen gelegt und gefohlt wurden. Nur wenn wir diese Gefühle von Angst und Schmerz ohne Widerstand zulassen, gehen sie schließlich vorüber. Dann kommen Verwirrung und Schock, Wut und Groll und schließlich Kummer und Trauer endlich zur Ruhe.

Wenn wir die Deprivation und Verlassenheit in unser Herz aufnehmen, öffnen wir uns einem tiefen inneren Frieden. Unser Kampf mit dem Leben wird größtenteils dadurch genährt, dass wir uns weigern, unsere Hilflosigkeit und unser Alleinsein zu fühlen.

Die Dinge nicht mehr ändern wollen

Wir arbeiten seit einigen Jahren mit einer Frau, deren Beziehung zu Männern aus einer Kette schmerzlicher Erfahrungen besteht. Sie fühlt sich von Männern angezogen, die sich nicht wirklich auf sie einlassen wollen und die am Ende meist Affären mit anderen Frauen haben. Sie ist eine sehr intelligente, lebhafte und anregende Person, doch sobald sie mit einem Mann zusammen ist, verliert sie sich und wird unterwürfig, fügsam und kraftlos. Wenn sie in einer Beziehung ist, beklagt sie sich, dass ihr Freund nicht genug für sie da sei, und wenn sie keine Beziehung hat, beklagt sie sich, dass sie den Mann, den sie sich wünscht, nicht finden könne. Sie hat viele Jahre an sich gearbeitet und weiß um Verlassenheit und Schamgefühl. Sie hat erkannt, dass sie aus ihrer Beschämung heraus Männer anzieht, die nicht zu ihr stehen, und dass ihr Hunger nach einer Beziehung und ihre innere Not die Männer abstößt. Je älter sie wird, desto verzweifelter wird sie, weil sie Angst hat, nie den richtigen Mann zu finden. Sie ist auch verzweifelt, weil all die innere Arbeit, die sie getan hat, ihre Muster nicht geändert hat.

Natürlich kommt einmal der Zeitpunkt, wo wir uns fragen, wie lange wir uns eigentlich noch verlassen, depriviert und beschämt fühlen müssen. Wir möchten wissen, wann sich endlich etwas ändern wird. Das ist eine der häufigsten Fragen, die bei unserer Arbeit auftauchen, vor allem von Leuten, die ihre Wunden schon ausführlich erforscht haben. Zuweilen kann es uns brutal und unfair vorkommen, dass unser Leben und unsere Beziehungen trotz unserer aufrichtigen Hingabe an die innere Arbeit nicht gelingen wollen.

Wir bitten dann die Leute oft, sich zwei Fragen zu stellen. Die erste lautet: „Hoffst du immer noch, dass jemand dich davor retten wird, deine Angst, deinen Schmerz und dein Alleinsein zu fühlen?". Und die zweite: „Bist du es wert, dass dich jemand liebt und für dich da ist?" Meistens erhalten wir als Antwort auf die erste Frage ein „Ja" und auf die zweite ein „Nein".

In gewisser Hinsicht ist der bedeutsamste Aspekt bei der Arbeit mit Verlassenheit und Beschämung die Erkenntnis, wie stark unsere Gedanken und unser Verhalten noch immer durch unser regrediertes Kind bestimmt werden, das gerettet werden möchte und sich nicht wert fühlt geliebt zu werden. Das Leben unterstützt uns nicht darin, in unbewusster Regression zu verharren, und kann uns deshalb nicht einfach geben, was wir aus diesem Zustand heraus anstreben.

> Sobald wir das wollen und akzeptieren, was wir bekommen, bekommen wir, was wir wollen.

Es ist ein seltsames Paradoxon: Wenn wir uns entspannen können und die Erfahrungen, die uns das Leben bringt, wirklich akzeptieren, sind wir erfüllt – und dann werden auch unsere größten Wünsche erfüllt. Sobald wir wirklich akzeptieren, dass Beschämung und Einsamkeit nicht verschwinden werden, und uns auf sie einstellen, ohne gegen sie anzukämpfen, wandelt sich etwas in uns und das Muster unserer Beziehungen verändert sich.

10. Kapitel

Wann Grenzen setzen und wann Frustration aushalten

IN KAPITEL 8 HABEN WIR UNS DAMIT BESCHÄFTIGT, WAS UNS HILFT, UNS MIT UNSErer Kraft zu verbinden und Grenzverletzungen angemessen zu begegnen. Im vorigen Kapitel haben wir das Thema Verlassenheit und Deprivation untersucht. Diese beiden Situationen konfrontieren uns mit unseren tiefsten und frühesten Ängsten der Angst, dass unsere Grenzen verletzt und wir misshandelt werden, und der Angst, nicht geliebt und abgelehnt zu werden.

Ganz gleich, ob man unsere Grenzen verletzt und uns missachtet oder ob jemand uns seine Liebe und Aufmerksamkeit entzieht beides löst dasselbe Gefühl von Verrat aus, dieselben Gefühle von Zorn, Frustration, Hoffnungslosigkeit oder sogar völliger Resignation. Doch hinsichtlich unseres inneren Wachstums unterscheiden sich diese zwei Situationen elementar: Die spirituellen Lektionen, die sie uns lehren, sind verschieden. Und sie fordern uns auf, auf ganz unterschiedliche Weise zu reagieren.

Wenn wir Grenzüberschreitungen oder Respektlosigkeit erfahren, ist es unangebracht, einfach nur unsere Frustration zu spüren und unsere Gefühle zu beherrschen. In solchen Situationen haben wir die Gelegenheit, Grenzen zu setzen.

Im vorhin erwähnten Beispiel von der Frau, deren Mann beim Sex sie und ihre Grenzen nicht achtet, bietet sich ihr dadurch eine Gelegenheit, für sich einzustehen und dieser Form von Missachtung Einhalt zu gebieten. Es wäre hier fehl am Platz, sich überfahren zu lassen und sich einzubilden, sie brauche ihm nur zu vergeben oder so zu tun, als mache ihr das Ganze nichts aus. Die Herausforderung für sie besteht darin, dass sie sich mit ihrer Angst, Nein zu sagen, auseinander setzt, dass sie lernt, sich klarer darüber zu werden, was sie will und was sie braucht, und dies ihrem Mann auch mitteilen kann. Der Frau, die sich beklagte, dass ihr Freund alles andere, nur nicht die Beziehung im Sinn habe, hilft es nicht viel weiter, ihn anzuklagen oder Forderungen an ihn zu stellen.

Ihre Herausforderung besteht darin, ihre Frustration auszuhalten, dass er nicht so ist, wie sie ihn gern hätte, und die Wunde des Verlassenseins zu erforschen, die sich öffnet, wenn er nicht für sie da ist.

Eine klare Unterscheidung ist manchmal schwierig

Das Leben lädt uns ein, zwischen diesen beiden Situationen zu unterscheiden, damit wir lernen, auf eine Weise zu reagieren, die uns zu mehr Würde, Selbstachtung und Selbstliebe verhilft. Doch manchmal ist es nicht ganz klar, welche der beiden Lektionen wir in einer Situation unseres Lebens lernen sollen, und oft geht es um eine Kombination von beiden.

> Marie zum Beispiel wird wütend auf ihren Freund, wenn sie ihn etwas fragt und er ihr nicht antwortet. Sie fragt dann nochmals, bis sie ihn schließlich anschreit oder wütend das Zimmer verlässt, damit er endlich aufmerksam auf sie wird. Was ist ihre Lektion in dieser Situation? Missachtet er sie, wenn er nicht antwortet, und muss sie Grenzen setzen, weil er sie ignoriert? Oder sollte sie eher versuchen, ihre Frustration darüber auszuhalten, dass er nicht für sie da ist? In dieser Situation lädt das Leben Marie dazu ein, sich selbst zu achten, indem sie ihrem Freund klar macht, wie wichtig es für sie ist, dass er ihr antwortet. Das ist ein wichtiger Schritt, um ihre Gefühle und Bedürfnisse zu würdigen. Gleichzeitig muss sie aber auch lernen, ihre Frustration darüber auszuhalten, wenn er keine Antwort gibt, denn viel-

leicht ändert er sich auch dann nicht, wenn sie ausgedrückt hat, was sie von ihm möchte.

Martina macht es zu schaffen, wenn Hans, ihr Ehemann, seine Zeit ohne sie verbringt. Wenn er am Computer arbeitet oder mit Freunden ausgeht, ist sie ständig hinter ihm her, damit er ihr sagt, wie lange er genau arbeiten werde oder bis wann er wegbleibe. Ihre Hartnäckigkeit stört ihn und er hat Angst, jedes Mal bestraft zu werden, wenn er Zeit mit sich selbst oder mit anderen Menschen verbringt, ohne dass sie dabei ist. Deswegen fühlt er sich jedes Mal schuldig, wenn er ausgeht, und ist zwiegespalten und nicht wirklich da, wenn er zurückkehrt. Diese Zwiespältigkeit und sein Mangel an Präsenz erzürnt sie noch mehr, denn sie fühlt sich dadurch übergangen und missachtet. Martina lernt im Zusammenleben mit Hans, ihre Frustration, dass er nicht für sie da ist, auszuhalten und jedes Mal, wenn er ohne sie weggeht, ihre Verlassenheit zu fühlen. Gleichzeitig muss sie aber auch Stellung beziehen, wenn er nur aus Schuldgefühlen heraus zu ihr kommt und nicht richtig für sie da ist. Hans lernt dabei, sich seinen Verlustängsten zu stellen und sich das Recht zu nehmen, Raum für sich selbst zu beanspruchen, und ihren Versuchen, ihn zu kontrollieren, Grenzen zu setzen. Er wird jedoch auch darin geprüft, seine panische Angst, dass sie Rache üben und ihn bestrafen könnte, zu spüren und auszuhalten.

Wenn wir diese zwei verschiedenen Möglichkeiten behandeln, sprechen viele Leute Situationen an, als ihr Partner mit jemand anderem ins Bett gegangen ist. Sie möchten wissen, worum es sich dabei handelt, um Grenzverletzung oder um Deprivation? Wir werden auf diese Frage detaillierter in Kapitel 12 eingehen.

Grundsätzlich steht es uns allen frei, unser Leben so zu leben, wie wir es möchten. Es ist daher keine Grenzverletzung, wenn unser Partner mit einem anderen Menschen schläft. Dadurch bricht unsere Wunde der Verlassenheit auf, und diesem Schmerz müssen wir uns stellen. Es kann jedoch auch zur Einsicht führen, dass wir in der Liebe nicht länger mit Krümeln Vorlieb nehmen wollen und aus Selbstachtung und Liebe zu uns selbst einen weiteren Schritt machen müssen. Ab einem gewissen Zeitpunkt kann es destruktiv werden, sich immer wieder nur dem Schmerz der Verlassenheit zu stellen.

Das innere Wissen in den Mittelpunkt stellen
Ob wir nun Grenzen setzen oder Frustration aushalten müssen wenn wir in uns hineinhorchen, erkennen wir die natürliche Richtung, in die sich unsere Energie bewegen will. Im ersten Fall bewegt sie sich dahin, unsere Würde und unsere Selbstachtung zu bejahen und keine Kompromisse mehr zu machen. Im zweiten Fall bewegt sie sich ganz natürlich hin zu mehr Reife, indem wir lernen, Schmerz auszuhalten, unser Alleinsein zu akzeptieren und die Menschen und Situationen so zu nehmen, wie sie sind.

> Unsere Intuition leitet uns auf natürliche Weise hin zur Integrität, selbst wenn das bedeutet, zu jemandem Nein sagen zu müssen. Und unsere Intuition bewegt uns auf ebenso natürliche Weise dazu, innerlich Platz zu machen und den anderen so sein zu lassen, wie er ist – selbst wenn uns das frustriert.

Vielleicht haben wir Angst, der inneren Stimme oder unserer Intuition zu folgen, doch trotzdem ist sie da und wir wissen es. Wir wissen auch intuitiv, dass wir letztendlich allein sind, selbst wenn wir uns gegen diese Tatsache auflehnen und der Außenwelt die Schuld geben, dass wir nicht bekommen, was wir uns wünschen. Wenn wir unserem natürlichen inneren Wissen folgen, statt unser verletztes inneres Kind reagieren zu lassen, das verängstigt oder gekränkt ist, verspüren wir ein tiefes Gefühl von Integrität und Würde. Und jeder kleine Schritt, den wir in diese Richtung machen, setzt immens viel Energie frei, die uns hilft, auf unserem Weg voranzuschreiten. Es sind die Ängste des verletzten Kindes in uns, die unsere Fähigkeit blockieren, mit unserem höheren Wissen in Verbindung zu kommen.

Wenn wir keine Grenzen setzen oder nicht zu unseren Bedürfnissen stehen können, dann hat das Kind in uns die Führung übernommen, das Angst vor Strafe hat oder glaubt, kein Recht zu haben, Nein zu sagen. Wenn wir in Panik geraten oder unsere Frustration nicht aushalten können, wenn jemand uns nicht gibt, was wir brauchen, dann hat uns unsere Angst verlassen zu werden, überwältigt. Diese Angst ist sehr stark. Doch die Kraft und Macht unseres inneren Wissens sind stärker.

> Vielleicht hilft es uns zu erkennen, dass es einem höheren spirituellen Zweck dient, wenn wir unserer Intuition folgen.

In unserem Beziehungsleben laden wir ständig Gelegenheiten ein, um diese beiden Lektionen zu lernen: Grenzen zu setzen oder Frustration auszuhalten. Es sind grundlegende Lebensaufgaben, die wir intuitiv gerne meistern möchten. Intuitiv wissen wir auch, dass es von mehr Liebe zeugt, bei unserer Frustration und unserer Panik zu bleiben, als zu versuchen, den anderen zu kontrollieren. Wenn wir unsere Grenzen klar formulieren und sie vertreten, zeugt das von mehr Liebe für uns selbst und für den anderen. Wenn wir das vertreten, was uns wirklich entspricht, dann erhält der andere eine klare Botschaft. Er weiß, wo wir stehen, und kann uns vertrauen. Wenn in uns etwas ausgelöst wird, weil wir uns missachtet oder depriviert fühlen, dann ist es ganz natürlich und menschlich, dass unser emotionales Kind voraussichtlich die Führung übernehmen wird und wir nach alten Mustern reagieren. Doch wenn sich unser Bewusstsein schärft, beginnen wir zu erkennen, dass wir nicht nur dieses emotionale Kind sind und tatsächlich eine Wahlfreiheit besitzen, auch wenn wir das bisher nicht wahrhaben wollten.

Vielleicht reagieren wir erst einmal so weiter wie bisher, doch es besteht jederzeit die Möglichkeit, aus unserem automatischen Reaktionsmuster aufzuwachen und unserer natürlichen Weisheit zu folgen. Das ist nicht leicht und erfordert Mut, aber es ist sicher möglich. Und wenn wir in Situationen, die uns nicht allzu sehr fordern, mit diesen beiden Lektionen experimentieren, wird es allmählich auch in schwierigeren Situationen gehen. Je mehr Zuversicht und Selbstvertrauen wir gewinnen, desto mehr gewinnen wir auch an Energie und Kraft.

Geh weiter.
Doch lasse dich nicht von Angst leiten.

                                                  Rumi

11. Kapitel

Verantwortung übernehmen: Von bloßem Pflichtgefühl zu Aufrichtigkeit und Integrität

DAS WORT „VERANTWORTUNG" RIECHT MANCHMAL ARG NACH PFLICHTERFÜLLUNG oder lässt uns an Regeln denken, die vielen von uns aus Unwissenheit auferlegt wurden. Wir haben sie befolgt oder befolgen sie noch immer, weil man uns gesagt hat, dies sei die richtige und ordnungsgemäße Art zu leben.

Ein echtes Verantwortungsgefühl bedeutet jedoch, dass wir uns der Wirkung unseres Handelns bewusst sind und nachempfinden können, wie sich unser Verhalten auf andere auswirkt.

Unser spiritueller Meister hat gelehrt, dass Verantwortungsbewusstsein die Fähigkeit ist, von Moment zu Moment bewusst zu sein und dadurch auf jedes Ereignis, mit dem wir konfrontiert werden, angemessen antworten zu können. Wenn wir auf diese Weise verantwortungsbewusst sind, können nicht nur die anderen Menschen uns vertrauen, sondern wir vertrauen und achten uns auch selbst.

Der Preis für unsere Verantwortungslosigkeit

In einem Seminar war kürzlich eine Teilnehmerin (wir nennen sie hier Sandra), die sich nicht an den kleinen Hausarbeiten beteiligen wollte, zu denen alle Gruppenteilnehmer aufgefordert waren. In einigen Seminarhäusern bitten wir die Teilnehmer um Mithilfe. Niemand wird dazu gezwungen, doch wenn jemand keine Arbeit übernehmen möchte, bitten wir ihn oder sie, die Organisatoren zu informieren, damit ein Ersatz gefunden werden kann. Sandra aber erledigte nicht nur ihre Arbeit nicht, sie kümmerte sich auch nicht darum, jemanden zu benachrichtigen. Die Teilnehmerin, mit der sie hätte zusammenarbeiten sollen, fühlte sich missachtet und war wütend, weil sie die ganze Arbeit alleine machen musste. Als sie in der Gruppe darüber sprach, wie missachtet sie sich fühlte, ging Sandra in Abwehrstellung und konnte nicht zugeben, dass sie sich respektlos verhalten hatte. Sie war der Überzeugung, es stünde ihr frei, zu tun, was sie wolle, genauso wie es ihr frei stünde, nicht erklären zu müssen, weshalb sie etwas tat oder nicht tat. Die Gruppe unterstützte die Frau, die sich missachtet fühlte. Sandra fühlte sich ausgeschlossen und versank tief in ihr vertrautes Gefühl von Misstrauen und Isolation, das sie bereits den größten Teil ihres Lebens begleitet hatte.

Wenn wir keine Verantwortung für unser Tun übernehmen, entfremden und isolieren wir uns, und oft werfen wir dann anderen vor, sich uns gegenüber zu verschließen. Für unsere Verantwortungslosigkeit bezahlen wir zudem den Preis, dass man uns als Kind betrachtet und auch als solches behandelt. Und tief in unserem Innern fühlen wir uns auch so.

Einer der schmerzlichsten Aspekte meiner Kindheit (Krish) war, dass ich mir eine Identität als verantwortungsloses Kind zulegte (ein typisches Syndrom zweitgeborener Söhne). Ich erhielt dadurch Aufmerksamkeit, doch es nagte an meiner Selbstachtung. Ich befand mich in einem schmerzhaften Teufelskreis. Mein Verhalten verstärkte mein negatives Selbstbild, und je tiefer es ging, desto zwanghafter wurde mein Verhalten. Ich warf den anderen vor, mich nicht als Erwachsenen anzusehen, doch wieso sollten sie mich als einen solchen behandeln, wenn ich mich nicht erwachsen verhielt?
Als ich später eine Therapie begann, erkannte ich die Ursprünge dieses Selbstbildes – ein Kind, das dem Druck und den Erwartungen, die an es gestellt wurden, nicht genügen konnte. Langsam und gewissenhaft arbeitete ich mich durch dieses Identitätsmuster, indem ich seinen Ursprung verstehen lernte und mich meinen Ängsten stellte, aber auch, indem ich Risiken einging, um meine eigenen Begabungen zu entdecken und zu

fördern. Diese Identität hängt mir noch immer an, ist jedoch nicht mehr dominant. Ich habe jetzt die Wahl, mich nicht mehr in diesen alten Verhaltensmustern zu verlieren.

Ein Mann teilte uns mit, dass seine Frau kürzlich mit seinem besten Freund geschlafen habe. Als wir nachhakten und mehr von ihm wissen wollten, erzählte er uns Folgendes: Er hatte mit seiner Frau ein Kind, doch als sie schwanger wurde, war ihr klar, dass sie nicht genug Zeit für ein Kind haben würde, da sie ganztags arbeitete und sich nebenbei für eine neue Berufslaufbahn weiterbildete. Er bat sie jedoch inständig, das Kind auszutragen, und bot sich an, während ihres Studiums den Hauptteil der Betreuung zu übernehmen. Sie bekamen das Kind.
Heute, drei Jahre später, steckt er voller Groll, ist launisch, wütend und hat innerlich eigentlich aufgegeben. Er gibt seiner Freundin die Schuld daran, dass er nicht das tun kann, was er möchte. Für ihn war es eher eine romantische Vorstellung gewesen, ein Kind mit ihr zu haben, und jetzt will er sich der Realität, dass er sich um das Kind kümmern muss, nicht stellen. Zudem hat er keine Schritte unternommen, um sich ein eigenes Leben aufzubauen, und entschuldigt dies damit, dass er ja für ihr gemeinsames Kind sorgen müsse. Sie liebt ihn noch immer, fühlt sich jedoch zutiefst verraten. Dieses Gefühl von Verrat und ihre Wut auf ihn reagierte sie ab, indem sie mit seinem besten Freund ins Bett ging. Der erste Schritt zu Verantwortung besteht für ihn also darin, sich seiner Verantwortungslosigkeit bewusst zu werden.

Verantwortungslos mit unserer Energie umgehen

Verantwortung und Zuverlässigkeit betreffen nicht nur das Einhalten einer Verpflichtung oder eines Versprechens. Es geht auch darum, wie wir mit Emotionen und unserer Energie umgehen.

In einem unserer letzten Workshops gab es einen Teilnehmer, der sich während der offenen Gesprächsrunden recht häufig zu Wort meldete, doch wenn er selber nichts sagte und nicht im Mittelpunkt der Aufmerksamkeit stand, hörte er den anderen nicht zu. Manchmal legte er sich sogar hin und schien zu schlafen. Als ihm ein anderer Teilnehmer sagte, er fühle sieh durch dieses Verhalten missachtet, wurde er wütend, verteidigte sich und behauptete, er höre sehr wohl zu. Allen anderen war jedoch klar, dass er das Interesse verlor, wenn er nicht im Mittelpunkt stand. Einige Tage später vertraute uns seine Frau an, dass er sie kürzlich geschlagen habe und sie fürchte, er könne gegen sie oder ihr kleines Kind Gewalt anwenden. Im Laufe des neuntägigen Workshops hatten sich viele Teilnehmer von ihm einschüchtern lassen, was ihm eine gewisse Kontrolle und Macht über die Gruppe gab. Doch was er an Macht und Kontrolle gewann, verlor er an Wärme und Zuneigung. Mit seinem Verhalten isolierte er sich selbst.

Eine andere Art, verantwortungslos mit unserer Energie umzugehen, besteht darin, unseren Mitmenschen oder den äußeren Umständen die Schuld daran geben, wie wir uns fühlen. Wir machen das Außen verantwortlich für unser inneres Befinden. Vielleicht haben wir diese Art, mit dem Leben und mit anderen Menschen umzugehen, von unseren Eltern gelernt und diese vorwurfsvolle Haltung durchzieht jetzt unser ganzes Denken und Tun.

Mein Vater (Amana) machte ständig irgendwen für sein „Pech" verantwortlich und konnte sich endlos darüber auslassen, wie schrecklich dieser oder jener Mensch sei. Sein Hauptangriffsziel waren die Eltern meiner Mutter, von denen er sich nicht respektiert fühlte, doch auch allen anderen machte er Vorwürfe, wo immer er einen Grund dafür finden konnte. Er wurde immer verbitterter, setzte seiner eigenen Unfähigkeit, für sein Leben Verantwortung zu übernehmen, nichts entgegen, ertränkte seine Enttäuschung im Alkohol, trieb auf jede erdenkliche Art Raubbau an seiner Gesundheit und gab schließlich ganz auf, als er erst achtunddreißig Jahre alt war. Der Schatten seines Verhaltens hat mich mein ganzes Leben begleitet. Ich lernte von Kind auf, wie man mit dem Leben umgeht, wenn es einem nicht gibt, was man sich wünscht: den andern die Schuld zuschieben oder aufgeben. Ich kämpfte dagegen an, so zu werden wie mein Vater, und lernte, Verantwortung für mein Leben zu übernehmen, doch zuweilen werde ich ähnlich wie mein Vater in einen Strudel von Depressionen hineingesogen. Ich empfinde es buchstäblich wie einen Energiestrudel, der mich herabzieht, besonders wenn ich müde und erschöpft bin.

Es gibt Zeiten, in denen ich mich unfähig fühle, mir selber das zu geben, was ich brauche, und auch niemanden um Hilfe bitten kann. Das ist ein Zustand völliger Dunkelheit und Hilflosigkeit, und in diesem Zustand fordert es meine ganze Kraft, spazieren zu gehen oder still dazusitzen, zu beobachten und hinzuspüren. Es hilft zu wissen, woher das alles kommt, und zu verstehen, dass ich mich in dieser Selbstaufgabe mit meinem Vater verbinde – aus einer tiefen kindlichen Sehnsucht heraus, bei ihm zu sein. Wenn ich das erkenne, kann ich mir wieder die Zeit nehmen, mir selbst das zu geben, was ich wirklich brauche, statt in Depressionen zu versinken.

Auch mit unserer Wut gehen wir oft verantwortungslos um. Die meisten von uns tragen großen unbewussten und unerforschten Zorn in sich, und wenn wir nicht auf eine heilsame Weise damit umgehen lernen, macht er sich unangemessen Luft.

Wir arbeiteten vor einiger Zeit mit einem Ehepaar, das anfänglich eine liebevolle und intime Beziehung zu haben schien. Später erfuhren wir, dass der Mann lange Zeit unkontrollierte Wutanfälle gehabt hatte, vor allem wenn er angetrunken war. Dann war er seiner Frau gegenüber sehr ausfallend geworden und hatte sie sogar vor den Kindern gedemütigt. Obwohl er jetzt an sich arbeitet und begonnen hat, mit seiner Wut verantwortungsvoll umzugehen, hat seine Frau so viel Misstrauen gegen ihn entwickelt, dass sie sich ihm gegenüber verschließt.

Heute sieht er sein missbräuchliches Verhalten ein, ist jedoch noch immer nicht bereit, den Schmerz mitzuempfinden, den er ihr zugefügt hat. Solange er sein Herz nicht öffnet und diesen Schmerz spürt, wird auch sie sich nicht öffnen und ihm vertrauen können.

Eine andere weit verbreitete Art, mit unserer Wut und Verletztheit verantwortungslos umzugehen, besteht darin, sie indirekt auszudrücken: Wir machen „zu" und halten unsere Liebe und unsere Energie zurück. Auf diese Weise mit unserer Verletztheit umzugehen ist eine Fehlfunktion, weil wir nicht direkt sind und weil die Energie in unserem System eingeschlossen bleibt und uns von innen heraus vergiftet. Unser Rückzugsverhalten kann Jahre dauern, ohne dass wir tiefer in unsere Gefühle eingedrungen wären.

> Ein Mann in einem unserer Workshops wollte sich nicht eingestehen, dass er wütend auf seine Frau war, weil sie nicht mit ihm schlafen wollte, wenn er Lust darauf hatte. Als Reaktion auf diese Zurückweisung wurde er dann launisch, tigerte ums Haus herum und fühlte sich reizbar und mürrisch. Wenn sie ihn fragte, ob etwas los sei, sagte er nur, er fühle sich nicht gut. Seine unterdrückte Wut tauchte ab und erzeugte alle möglichen körperlichen Symptome, bis hin zu einer tiefen Depression.

Verantwortungslos mit unserem Körper umgehen

Die Verantwortung für unseren Körper zu übernehmen ist ein weiterer wichtiger Aspekt des Erwachsenwerdens. Das geschieht dann, wenn wir beginnen, unseren Körper von innen heraus zu fühlen. Dadurch lernen wir, ihm zu geben, was er an Nahrung, Schlaf, Raum und Bewegung benötigt. Wenn wir unserem Körper durch Suchtverhalten schaden oder einfach nicht auf seine Bedürfnisse hören, bleiben wir im Zustand der Regression stecken und schwächen unsere ohnehin schwache Selbstachtung noch mehr. Das wird zu einem schmerzhaften Teufelskreis, denn wir verurteilen uns dafür und sind danach noch destruktiver gegen uns selbst. Ein Kind hat noch kein Gespür dafür, was gesund ist und was seinem Körper gut tut. Es strebt nach sofortiger Bedürfnisbefriedigung und denkt nicht an die Folgen.

Während wir lernen, mehr Verantwortung zu übernehmen, werden wir sozusagen zu Eltern unserer selbst und behandeln unseren Körper auf eine Weise, die dem Leben dient. Die Situation wird noch komplizierter, wenn wir zwar wissen, dass wir uns selbst schaden, uns jedoch unfähig fühlen, die nötigen Veränderungen vorzunehmen. Dann liegt es in unserer Verantwortung, uns Hilfe und Unterstützung zu suchen, um solche lebensfeindlichen Muster zu ändern.

> Als Kind hatte ich (Amana) mich von meinem Körper sehr entfremdet und abgeschnitten. Ich wuchs in einer Umgebung auf, wo sich alles auf Äußerlichkeiten konzentrierte, und bekam mit, wie oberflächlich und lieblos die Leute um mich herum miteinander umgingen. Gleichzeitig war es bedrohlich, irgendetwas zu fühlen, da Gefühle als abnormal galten. Folglich hörte ich auf, meinen Körper zu fühlen. Als Teenager begann ich, mich mit Zigaretten und Drogen zu malträtieren, schlief zu wenig und aß zu viel ungesundes Zeugs. Um wieder abzunehmen, machte ich Diäten und achtete zwanghaft auf Kalorien. Als ich Anfang zwanzig mit Therapiegruppen und Meditation begann, erlebte ich zum ersten Mal ein inneres Gefühl für meinen Körper und für das, was ihm bekommt, was er gerne essen und wie er sich bewegen möchte. Ich lernte jeden Augenblick auf meine Körpergefühle zu achten und sie zu respektieren. Ich begann mich mehr draußen in der Natur zu bewegen, zu tanzen, zu laufen und Yoga zu praktizieren. Heute wiege ich so viel wie als Teenager vor zwanzig Jahren, ohne je eine Diät zu machen oder mich um Kalorien zu kümmern. Ich esse, was sich gut anfühlt, und mein Körper ist ohne jede Anstrengung meinerseits in Einklang mit sich selber gekommen.

Was wir brauchen, um verantwortungsbewusst zu werden Beim Aufarbeiten unserer Verantwortungslosigkeit und Unzuverlässigkeit gilt es erfahrungsgemäß drei Dinge zu beachten. Als Erstes müssen wir verstehen und fühlen, wie sie mit unseren ursprünglichen Wunden von Verrat und Übergriffen zusammenhängen, denn hier liegt ihre Wurzel. Als Zweites müssen wir bereit sein zu fühlen, wie sich dieses Verhalten auf andere Menschen auswirkt, und den Schmerz nachempfinden, den es verursacht. Das Dritte ist der aufrichtige Herzenswunsch erwachsen zu werden.

1. Die Angst fühlen, die hinter unserer Verantwortungslosigkeit und Unehrlichkeit steht

Es reicht nicht, sich einfach dafür zu entscheiden, von jetzt an verantwortungsbewusst zu sein. Der Prozess geht viel tiefer. Wir müssen zu den Ursprüngen gehen und herausfinden, woher unsere Verantwortungslosigkeit und unser Mangel an Integrität stammt. Wenn uns jemand auf unser verantwortungsloses Verhalten aufmerksam macht oder wenn wir uns dessen selber bewusst werden, verhalten wir uns in der Regel defensiv oder fühlen uns reumütig und schuldig.

Keines der beiden Reaktionsmuster ist sehr hilfreich. Sicher ist es gesünder, unseren Mangel an Verantwortung zu erkennen und uns deswegen schuldig zu fühlen, als ihn abzustreiten oder zu rechtfertigen, doch Schuldgefühle allein transformieren nichts. Sie sind ein guter erster Schritt, aber mehr nicht.

Wir nehmen uns meist nicht die Zeit, um unser verantwortungsloses oder unzuverlässiges Verhalten mit unseren Wunden in Verbindung zu bringen. Doch in Wirklichkeit sind unsere Traumata, die Schamgefühle und der Schock, die wir in uns tragen, die Quelle dieses Verhaltens. Weil Sandra (siehe obiges Beispiel) eine Mutter hatte, die aus heiterem Himmel Wutanfälle kriegte, ihre Familie immer wieder verließ und monatelang nicht nach Hause zurückkehrte, war sie vor Schock ganz abgestumpft. Sie war sich nicht bewusst, wie tief traumatisiert sie war und wie unsensibel sie sich und andern gegenüber verhielt. Ihre Überlebensstrategie bestand darin, anderen Menschen gegenüber gleichgültig zu sein und sich nicht darum zu kümmern, wie sich ihr Verhalten auf ihre Umgebung auswirkte. Auf diese

Weise fühlte sie sich in ihrer Isolation sicher und geborgen. Sich zu entschuldigen hätte sie verletzbar gemacht (also den Attacken ihrer Mutter ausgesetzt), und verletzbar zu werden bedeutete ihrer Überzeugung nach Tod und völlige Vernichtung. Meistens verhalten wir uns verantwortungslos, weil so viel Angst in uns steckt und weil unser Selbstbild schon so geschädigt ist, dass wir gar nicht wissen, wie es wäre, verantwortungsbewusst und zuverlässig zu sein.

> Der Besitzer eines Seminarhauses, in dem wir arbeiten, macht uns immer wieder großzügige Versprechungen, tut sich aber schwer damit, sie einzuhalten. Er steht innerlich unter enormem Druck, von Autoritätsfiguren wie uns Therapeuten Anerkennung zu bekommen. Dieser Druck verleitet ihn zu großspurigen Angeboten. Solche grandiosen Akte sind ein bewährtes Mittel, unsere Ängste durch Unzuverlässigkeit zu überdecken.

Unsere Angst treibt uns dazu, gewohnheitsmäßig unaufrichtig zu werden. Die Art und Weise, wie Menschen miteinander umgehen, ist oft unehrlich oder unwahrhaftig. Unsere Prägung und unsere Konditionierung machen uns unaufrichtig, selbst wenn man uns verbal zu Aufrichtigkeit angehalten hat. Ehrlich zu sein macht schrecklich Angst – wir riskieren dabei Ablehnung, Wut, Missbilligung, Demütigung oder Verlust.

> Ich (Krish) habe übertrieben, um mein Image aufzupolieren, habe Halbwahrheiten erzählt, um mich zu schützen, und gelogen, um zu bekommen, was ich wollte – oft ohne zu bemerken, dass ich unehrlich war. So weit ich mich zurückerinnern kann, waren glatte Lügen, Übertreibungen und Halbwahrheiten ein Verhaltensmuster von mir, aber auch ein unverrückbarer Teil meines Selbstbildes. Um dieses gewohnheitsmäßige Verhalten allmählich zu verändern, musste ich immer wieder ganz genau hinschauen, welche Situationen es auslösten, und mich mit der Angst auseinander setzen, die hinter ihnen steckte.

Oft sind wir unehrlich aus Angst, andere zu verletzen. Wir erkennen selten, dass unsere Unehrlichkeit meist mehr schmerzt, als wenn wir unsere Urteile und Gefühle direkt äußern würden. Mit Zufallsbekanntschaften vollkommen ehrlich zu sein, ist oft unangebracht, doch je näher wir einem Menschen stehen, desto höher wird der Anspruch an gegenseitige Aufrichtigkeit – jedenfalls wenn wir uns nah bleiben und diese Nähe immer weiter vertiefen möchten.

> Wir arbeiteten mit einer Frau, die ihre Männerbeziehungen als äußerst problematisch empfand. Obwohl sie einen neuen Freund gefunden hatte, sehnte sie sich noch immer nach einem Mann, der ihr siebzehn Jahre zuvor begegnet war, auf einem anderen Kontinent wohnte und inzwischen eine andere Frau geheiratet hatte. Ihre neue Beziehung fühlte sich zwar gut an, doch sie fand ihren Partner nicht sehr attraktiv und genoss es nicht wirklich, mit ihm zu schlafen. Als wir sie fragten, warum sie sich nicht so stark zu ihrem neuen Freund hingezogen fühle, erwiderte sie, er sehe nicht so aus wie ihr alter Freund und habe sexuelle Probleme.
> Wir fragten sie, ob sie ehrlich zu ihm gewesen sei und ihm ihre Werturteile über ihn und den Vergleich mit ihrem früheren Freund mitgeteilt habe. Sie meinte, es würde ihr nicht im Traum einfallen, so etwas zu ihm zu sagen, denn das würde ihn zu sehr verletzen. Sie hatte nie bedacht, dass Nähe auf Ehrlichkeit beruht. In ihrem ganzen Leben war sie zu keinem Menschen je wirklich ehrlich gewesen, weil niemand zu ihr ehrlich gewesen war.
> Wir wiesen sie darauf hin, dass es ihren Freund wahrscheinlich mehr verletzte, wenn sie sich ihm entzog, als wenn sie aufrichtig zu ihm wäre, und dass er ihre Werturteile höchstwahrscheinlich schon längst gespürt habe. Das war eine Offenbarung für sie.

Viele Leute trifft es wie ein Schlag, wenn sie von uns hören, dass wir hundertprozentig ehrlich sein müssen, um einander wirklich zu lieben und zu vertrauen.

> Ehrlichkeit steht vermutlich ganz unten auf unserer Liste von Verantwortlichkeiten. Selten erkennen wir, wie hoch der Preis für unsere Unehrlichkeit ist. Inmitten unseres Mangels an Verantwortung und Zuverlässigkeit steckt die Angst, erwachsen zu werden, und im Hier und Jetzt präsent zu sein.

Für viele von uns klingt die Aussicht, erwachsen zu werden und verantwortungsbewusst zu sein nicht sehr verlockend, denn als Kind haben wir mitbekommen, wie viele Erwachsene unter der Bürde ihrer „Verantwortung" litten und immer bedrückter und unglücklicher wurden. Wenn wir auf diese Art konditioniert wurden, dann wirkt oft eine enorme Kraft in uns darauf hin, bloß nie erwachsen zu werden - es erscheint uns farblos, langweilig, ernst und viel zu anstrengend. Vielleicht werden wir als Reaktion auf eine so repressive Konditionierung zu Rebellen, doch oft zeichnet sich unsere Rebellion durch einen Mangel an Zuverlässigkeit und Verantwortungsgefühl aus. Damit lässt sich eine tiefe Angst in uns überspielen, uns den praktischen Anforderungen und der Verantwortung des täglichen Lebens stellen zu müssen.

Ich (Krish) rebellierte beträchtlich gegen die Vorstellungen von „Verantwortung", die man mir beibrachte. Ein Großteil dieser Rebellion lief darauf hinaus, ein im weitesten Sinne konventionelles Leben abzulehnen. Jahrelang sträubte sich alles in mir, mich mit einer Familie, einem festen Job, einem Haus, Hypotheken, Versicherungen und Ähnlichem zu belasten. Als spiritueller Sucher, der in spirituellen Kommunen lebte, war ich der festen Überzeugung, das alles sei nichts für mich. Doch die Zeiten änderten sich. Irgendwann erkannte ich, dass auch die Auseinandersetzung mit den praktischen Seiten des Lebens zu meinem inneren Wachstum und meinem Reifeprozess gehörte. Als ich die Kommune, in der ich viele Jahre gelebt hatte, verließ und schließlich ein Haus kaufte, Versicherungen abschloss usw., kostete es mich einige Anstrengung, mich nicht von meinen Ängste übermannen zu lassen und Gefahr zu laufen, dass alles aus dem Ruder lief. Plötzlich musste ich mich um unglaublich viele Dinge kümmern und oft frage ich mich, ob es sich wirklich lohnt, sich mit so vielen praktischen Details herumzuschlagen. Doch es ist wichtig zu lernen, mit unserer Angst umzugehen, sich der Welt „da draußen" zu stellen, denn das erfordert Kreativität und lässt uns reifer werden. Glücklicherweise habe ich vorher die Erfahrung gemacht, wie es ist, ganz anders zu leben; so ist es klar, dass ich eine bewusste Entscheidung getroffen habe, und ich nehme das Ganze nicht allzu ernst. Meine Eltern freuten sich jedenfalls, als ich mich zu diesem Schritt entschloss. Meine Mutter nennt das „ein Mensch werden", was auf Hebräisch „ein verantwortungsvoller Mann" heißt. (Sie glaubt noch immer, dass alle meine spirituellen Abenteuer nur eine „Phase" seien, und lässt sich auch von der Tatsache nicht abbringen, dass diese „Phase" nun schon fünfundzwanzig Jahre dauert.)

2. Sich den Auswirkungen der Verantwortungslosigkeit stellen

Der zweite Aspekt beim Lernen von Verantwortung und Zuverlässigkeit ist die Bereitschaft, uns in andere Menschen einzufühlen und wahrzunehmen, welche Auswirkungen unser verantwortungsloses Verhalten auf sie hat, und auch zu spüren, wie ein solches Verhalten unser eigenes Leben beeinflusst.

In einem unserer Workshops machen wir eine Übung, bei der wir eine Liste verteilen, auf der alle Möglichkeiten aufgeführt sind, wie wir vielleicht als Kind verletzt wurden und wie unsere Grenzen möglicherweise auch heute noch missachtet werden. Der Zweck dieser Übung besteht darin, ein tieferes Verständnis dafür zu gewinnen, was eine Grenzverletzung eigentlich ist.

Unser Hauptaugenmerk dabei liegt nicht darauf, wie wir selber die Grenzen von anderen verletzen, sondern wie unsere eigenen Grenzen verletzt wurden (und immer noch werden). Denn sobald wir unser eigenes Trauma wahrgenommen haben, fällt es uns viel schwerer, anderen Menschen weiterhin unsensibel zu begegnen. Doch es ist unvermeidlich, dass die Leute recht schnell erkennen, dass sie die Grenzen anderer übertreten haben und sich deswegen schuldig fühlen. Das allein hilft nicht weiter. Unsere Schuldgefühle führen nur dazu, dass wir uns verurteilen und uns schämen. Diese Selbstbestrafung bringt zwar zeitweilig etwas Erleichterung, doch wir unterdrücken damit auch unsere Energie. Bald schwingt das Pendel wieder zur anderen Seite und wir tun wieder genau das, weswegen wir uns schuldig fühlten.

Eine echte Wandlung stellt sich nur dann ein, wenn wir bereit sind, gefühlsmäßig wahrzunehmen, welche Folgen und Auswirkungen unser Handeln hat. Sobald wir den Schmerz empfinden, den wir einem anderen Menschen zufügen, können wir nicht mehr damit fortfahren. Damit dieser Prozess uns tatsächlich verwandelt, müssen wir ihn bis zu dem Punkt führen, wo wir uns in die Menschen hineinversetzen, die unter unserer Verantwortungslosigkeit und Unzuverlässigkeit gelitten haben, und ein Gefühl dafür entwickeln, wie das wohl für sie war. Wir müssen sie in unser Herz schließen und nachempfinden, was sie fühlten. Doch erst, wenn wir unseren eigenen Schmerz gefühlt haben, sind wir in der Lage, den Schmerz eines anderen Menschen wie unseren eigenen zu fühlen. Der Prozess beginnt bei uns selbst, denn wir verletzen Grenzen, weil unsere Grenzen verletzt wurden. Zu fühlen, wie schmerzhaft solche Übergriffe für uns waren, ebnet also den Weg für ein tieferes Einfühlungsvermögen in unseren Beziehungen. Im Beispiel von Sandra war der Grund für ihre Ignoranz gegenüber anderen Menschen, dass sie sich ihrer selbst, ihrer eigenen Verletztheit und ihres eigenen Schmerzes nicht bewusst war.

3. Sich entschließen, erwachsen zu werden

Wenn wir die Auswirkung unserer Verantwortungslosigkeit tief empfinden, reift in uns der Entschluss, erwachsen zu werden und Verantwortung für unser eigenes Leben zu übernehmen; wir erkennen, dass es uns befreit, verantwortungsbewusst zu sein. Dann beginnen unsere Wunden von Scham und Schock zu verheilen und unser beschämtes Selbstbild verändert sich.

Wenn wir uns an ein bestimmtes Selbstbild gewöhnt haben, das auf Scham und auf einer Kette von verantwortungslosem und unzuverlässigem Verhalten beruht, können wir gar nicht anders reagieren. Unser Verhalten ist automatisch geworden und so tief konditioniert, dass wir uns dessen gar nicht bewusst sind

Wenn wir uns ändern wollen, müssen wir beginnen, kleine Schritte zu einem Leben in Würde und Aufrichtigkeit zu machen und uns der Auswirkungen unseres Handelns bewusst werden. Wenn wir wahrnehmen, dass unser Handeln nicht zum gewünschten Ergebnis führt, müssen wir unsere Einstellung zu anderen Menschen und zum Leben ändern. Das ist ein sehr wichtiger Schritt. Es liegt in unserer Hand, unser Leben genau so zu gestalten, wie wir es uns wünschen. Wir sind kein Opfer der äußeren Umstände, sondern bestimmen weitgehend mit, wie sich unser Leben gestaltet.

12. Kapitel

Lektionen über die Liebe:
Was zwischen Liebenden Vertrauen schafft

WIR SIND JETZT SEIT VIELEN JAHREN EIN PAAR. MIT EINEM ANDEREN MENSCHEN zusammenzuleben ist ein Abenteuer. Es ist für jedes Liebespaar eine große Herausforderung, miteinander in einen Fluss zu kommen, der Tag für Tag, Jahr für Jahr weiterströmt.

Obwohl wir beide mit Konflikten und Missverständnissen umgehen mussten und müssen, die oft nicht von schlechten Eltern sind, ist es uns gelungen, uns durchzubeißen, ohne einander etwas nachzutragen oder uns energetisch voneinander zu entfernen, weil ungelöste Gefühlskonflikte im Raum schweben.

Jedes Mal wenn wir einen Konflikt austragen, haben wir am Ende mehr Liebe und Verständnis dafür, wie komplex und rätselhaft der andere doch ist. Jeder Konflikt bietet die Gelegenheit, mehr über uns selbst und den andern zu lernen, selbst wenn es uns manchmal vorkommt, als seien wir direkt in der Hölle gelandet. Wir beide hätten uns vorher nicht vorstellen können, dass eine solche Art von Beziehung tatsächlich möglich ist, und dass man gemeinsam Konflikte durchstehen kann, selbst wenn frühe Wunden aufbrechen und der andere zum Feind wird. Das ist übrigens einer der Gründe, die uns bewogen haben, dieses Buch zu schreiben.

> Vor nicht allzu langer Zeit verbrachte ich (Krish) ein paar Tage mit meiner Mutter, die jetzt neunzig ist. Sie erzählte von ihrem Zusammenleben mit meinem Vater, ich von meinem mit Amana. Sie meinte, ich sei ein richtiger Glückspilz, dass ich Amana gefunden hätte. Das fand ich auch, fügte jedoch

hinzu, dass sicher nicht alles dem Glück allein zu verdanken sei. „Denk doch an all das Geld, das ich für Therapien ausgegeben habe, und die vielen Jahre, die ich in Indien verbrachte (jüdische Mütter wertschätzen alles, was teuer ist!). Was glaubst du, was ich in dieser Zeit gemacht habe?" Sie war nicht zu überzeugen, und wir ließen es dabei bewenden.

Die sechs Schlüssel

Vertrauen, das sich zwischen zwei Menschen entwickelt, ist kein unauslotbares Geheimnis, man braucht dazu nur ein paar grundlegende Dinge zu verstehen. Wir möchten hier gern einige Einsichten darüber weitergeben, was in einer Liebesbeziehung Vertrauen aufbaut.

> 1. Wenn zwischen zwei Liebenden Vertrauen wachsen soll, ist es äußerst wichtig, dass wir merken, wann unser verletztes Kind unser Verhalten bestimmt, und dafür müssen wir Verantwortung übernehmen.

Wir können unser regrediertes Kind immer dann wahrnehmen, wenn wir von Emotionen gelenkt werden und unser Verhalten emotionsgeladen ist. Dass wir gerettet werden wollen oder jemand anderen retten möchten, ist ebenfalls ein untrügliches Anzeichen für unser regrediertes Kind. Es zeigt sich auch durch Sucht – nach Drogen, Zigaretten, Essen oder nach Aktivitäten wie Sex, Unterhaltung, Shopping, Arbeit oder ähnlichem.

> 2. Wenn Liebe und Vertrauen wachsen sollen, müssen wir uns klar darüber werden, was uns wichtiger ist: ob wir unsere Energie auf eine einzige Person ausrichten oder ob wir mehrere Liebschaften nebeneinander haben wollen. Wir können Tiefe oder Vielfalt haben, aber nicht beides zugleich. Es liegt in unserer Verantwortung zu spüren, was genau wir wollen und brauchen, und das auch klar zu äußern.

Wenn wir viele Liebesaffären haben, wächst kein Vertrauen. Vertrauen zu entwickeln braucht Zeit. Es ist wie eine zarte Blume, die zum Wachsen Zeit und Pflege benötigt.

> 3. Wenn sich Vertrauen bilden soll, müssen wir zu uns stehen und dürfen uns nicht „aus Liebe" aufgeben. Wir dürfen keine Kompromisse eingehen und um der Beziehung willen andere für uns wichtige und erfüllende Bereiche unseres Lebens und unserer Lebensenergie lahm legen.

Das heißt, dass wir unserer Energie folgen müssen, auch wenn wir dadurch manchmal von unserem Partner getrennt sind. Das kann durch ein Hobby oder Sport geschehen, durch einen spirituellen Weg oder ein Treffen mit Freunden – selbst wenn es unserem Partner Angst macht.

> 4. Einander zu vertrauen und zusammen immer mehr an Tiefe zu gewinnen erfordert die ständige Bereitschaft, sich dem anderen zu öffnen. Dazu müssen wir gewillt sein, Zeit miteinander zu verbringen – um unsere Beziehung zu pflegen, um uns unserer Machtspiele bewusst zu werden und um unsere Wunden wahrnehmen.

Unser Abwehrverhalten ist uns in Fleisch und Blut übergegangen und in der Regel völlig automatisch und unbewusst geworden. Es erfordert eine bewusste Anstrengung, um unsere Abwehrmechanismen und unsere Isolation aufzugeben und den anderen wirklich hereinzulassen. Dazu gehört auch, dass wir unsere Machtspielchen und taktischen Manöver genau unter die Lupe nehmen, damit aufhören und verletzbar werden. Um unsere Beziehung reifen zu lassen, müssen wir verstehen, wie wichtig es ist, Zeit miteinander zu verbringen. So ein Reifeprozess funktioniert nicht, wenn jeder sein eigenes Leben lebt und man sich nur hin und wieder sieht.

5. Damit sich Liebe und Vertrauen vertiefen können, müssen wir die Verantwortung für unser eigenes spirituelles und kreatives Wachstum übernehmen, statt allein in unserer Beziehung Erfüllung finden zu wollen.

Es macht eine Beziehung kaputt, wenn wir uns einzig und allein auf den anderen ausrichten und von ihm die Erfüllung erwarten, die wir in uns selbst nicht gefunden haben.

6. Damit sich Liebe und Vertrauen vertiefen können, müssen wir bereit sein, unserer eigenen inneren Leere und Einsamkeit gegenüberzutreten.

Es untergräbt das Vertrauen, wenn wir die Beziehung dazu missbrauchen, unseren Ängsten vor dem Alleinsein zu entgehen, indem wir uns am anderen festklammern oder erwarten, dass er uns vor unserer Leere beschützt.

Wir wollen jeden dieser sechs Schlüssel genauer betrachten.

1. Schlüssel
Erkennen, wann wir aus unserem regredierten Kind heraus handeln
Wenn unser Beziehungsleben voller Reaktionen, Dramen, Erwartungen, Forderungen, Enttäuschung und Frustration verläuft, zeigt uns das an, dass unser regrediertes Kind das Kommando übernommen hat. Die Schattenseite dieser Energie ist Rache, Manipulation, Liebesentzug, aggressives Verhalten oder abschätzige Kritik am andern, um zu bekommen, was wir wollen, oder weil wir es nicht bekommen. Wenn das regredierte Kind die Zügel in der Hand hält und wir uns dessen nicht bewusst sind, werden beide Beziehungspartner mit der Zeit ein immer tieferes Misstrauen zueinander entwickeln. Bekannte Filme wie „Wer hat Angst vor Virginia Woolf?" oder „Bitterer Mond" haben das sehr anschaulich gezeigt.

In beiden Fällen waren die Hauptfiguren von ihrem regredierten Kind besessen, ohne es zu wissen. Eine der schwierigsten Herausforderungen in einer engen Beziehung besteht darin, dass sie unser regrediertes Kind auf den Plan ruft, ganz gleich wie sehr wir versuchen, es zu unterdrücken. Und meist wählen wir uns unbewusst einen Partner aus, der unser regrediertes Kind mit höchster Wahrscheinlichkeit auf den Plan ruft.

Linda wurde von dem Mann, mit dem sie mehr als vier Jahre zusammen war, verlassen. Beide hatten eine starke sexuelle Anziehung zueinander, was in gewisser Hinsicht die Grundlage ihrer Beziehung gewesen war. Er hatte sie nie richtig als Mensch oder als Frau akzeptiert. Seine eigenen Wunden waren noch nicht genügend verheilt, um eine Frau wirklich anzunehmen. Er bezog sich auf sie meist über Machtspiele und indem er sie kontrollierte, dadurch hat sie sich immer unsicher und nicht wirklich gewürdigt gefühlt. Sie war nie sicher gewesen, ob er sie nicht wegen einer anderen Frau verlassen würde, und hatte immer mit dem Schlimmsten gerechnet. Diese Situation war eine schmerzliche Neuinszenierung ihres Schamgefühls, sich nie attraktiv genug für einen „richtigen Mann" zu fühlen, welches wiederum seine Wurzeln in der Beziehung zu ihrem abweisenden Vater hatte. In ihren Beziehungen ist sie daher immer auf der Suche nach einem Mann, der ihr das Gefühl gibt, um ihrer selbst willen geliebt zu werden – weil sie selbst sich innerlich nicht liebenswert und wertvoll fühlte. Dieser unterschwellige Anspruch hatte ihren Partner mit der Zeit abgestoßen. Er wollte eine Frau, kein kleines Mädchen, das einen Vater suchte. Jetzt, wo die Beziehung vorbei ist, sieht sie manches mit anderen Augen. Sie arbeitet intensiv an sich selbst und kann sehen, wie sie sich in ihrer Scham von einem Mann angezogen gefühlt hat, der sie in gewisser Hinsicht schon von Anfang an ablehnte. Sie sieht jetzt auch, dass sie unrealistische Erwartungen auf ihn projiziert hat – der versteckte Wunsch, dass er für sie sorgen würde.
Zu Beginn war der Schmerz über die Zurückweisung und Trennung sehr stark. Sie wurde von ihrer Beschämung und ihren Verlassenheitsgefühlen

völlig überflutet. Doch allmählich gewinnt sie Selbstvertrauen und eine Kraft, die sie bisher noch nie erfahren hat.

Dies ist ein Paradebeispiel dafür, wie wir unsere Beziehung sabotieren, wenn wir aus unserem regredierten Kind heraus reagieren. Das häufigste Spiel, das wir spielen, wenn wir in einem solchen Zustand verloren gehen, heißt: „Ich brauche dich und du musst für mich sorgen." Und weil immer zwei dazu gehören, spielt der andere das Spiel: „Du brauchst mich und ich kann dich nicht im Stich lassen." Linda klammerte sich noch immer an ihre Fantasievorstellung, bei ihrem Partner Wertschätzung und Schutz finden zu können. Er hingegen versteckte sich hinter dem alten Abwehrmechanismus, der große Retter zu sein, statt seine Verletzlichkeit zu zeigen. Demzufolge wurde ihr gegenseitiges Misstrauen immer stärker und tötete schließlich die anfängliche Anziehungskraft zwischen ihnen ab.

> Meine Mutter (Krish) war stark und besitzergreifend. Auch meine Frau hat eine starke und energische Persönlichkeit. In den ersten Jahren unserer Beziehung, noch bevor wir zusammen arbeiteten, verbrachten wir oft Zeit in Amanas Heimat, Dänemark. Sie arbeitete damals dort und ich besuchte sie zwischen meinen Workshops. Ich fühlte mich dort überhaupt nicht zu Hause. Ich sprach kein Dänisch und verspürte Unbehagen, weil sie sich dort so heimisch fühlte. Einmal hielten wir an einer Tankstelle, um zu tanken. Sie ging hinein, um zu bezahlen, und sagte mir noch, wie ich das Benzin einfüllen müsse. Ich fühlte mich da schon daneben und war zu diesem Zeitpunkt der festen Meinung, dass sie mich zu kontrollieren versuchte, wie das alle Frauen bisher getan hatten. Ich reagierte wütend und sagte ihr sogar, dass ich dominante Frauen hasste. Doch dann musste ich lachen, denn in diesem Moment wurde mir das Muster klar. Ich konnte sehen, dass ihre „kontrollierende" Seite bloß eine Reaktion auf meine regredierte Hilflosigkeit war. Ihr Vater war Alkoholiker gewesen, der sich wie ein verantwortungsloses Kind benommen hatte. Als Reaktion darauf entwickelte Amana große Kraft und

Effizienz. Immer wenn sie mein Verhalten an ihren Vater erinnerte, griff sie ein und übernahm die Kontrolle. Solche Situationen weisen mich immer darauf hin, in mich hineinzuschauen, um zu sehen, was gerade abläuft, statt mich blind in einer Reaktion zu verlieren.

Ich (Amana) achte stets darauf, wann mein Misstrauen gegenüber Männern und ihrer Fähigkeit, mit praktischen Dingen umzugehen, provoziert wird und ich automatisch die Dinge in die Hand nehme und alles Nötige erledige. Allmählich lerne ich, viele kleine Dinge, um die ich mich bisher gekümmert habe, zu delegieren und mich zu entspannen, wenn mein Mann es anders macht, als ich es gemacht hätte. Im Grunde genieße ich es, dass wir so verschieden sind, und es fällt mir immer leichter, nicht ständig alles unter Kontrolle haben zu müssen. In diesem Beispiel war es heilsam für Krish, sich mehr auf die praktischen Seiten des Lebens einzulassen und nicht einfach innerlich wegzutreten, was seine Überlebensstrategie bei seiner kontrollierenden Mutter gewesen ist. Und für mich war es heilsam, die Panik meines inneren Kindes zu spüren, wenn chaotische Zustände herrschen, und nicht damit zu reagieren, das Ding in die Hand zu nehmen und für Ordnung zu sorgen.

> In keinem anderen Lebensbereich reagieren wir so emotional, verstört und hektisch und fühlen uns so frustriert, verzweifelt und verloren wie in unseren Liebesbeziehungen. Allein schon die Bereitschaft, diese Emotionen wahrzunehmen und eine gewisse Distanz zu ihnen zu gewinnen, lässt zwischen uns und unserem Partner Vertrauen wachsen.

Um unsere Verletztheit und unsere Kindheitstraumata zu wissen ist etwas völlig anderes als zu beobachten, wie sie sich heute in unseren intimen Beziehungen manifestieren. Es braucht eine gewisse Zeit, um das einzusehen, denn unser regrediertes Kind versteckt sich oft hinter der Maske des Erwachsenen.

2. Schlüssel
Zwischen Tiefe und Vielfalt wählen

Es ist jedoch nicht immer leicht, sich darüber klar zu werden, ob wir lieber eine reine Zweier-Beziehung oder verschiedene Beziehungen haben möchten, weil oft zwei Seelen in unserer Brust wohnen. Die eine möchte das, was wir besitzen, nicht kaputt machen, die andere träumt von Freiheit und Abenteuer.

> Eine Frau kam zur Therapie, die ihrem Freund nicht mehr vertrauen konnte, weil er hin und wieder mit anderen Frauen schlief. Sie fühlte sich betrogen, denn sie hatten sich eigentlich darauf geeinigt, keine Seitensprünge zuzulassen. Er hatte diese Abmachung gebrochen. Sie versuchte nun einen Entschluss zu fassen, wie sie mit diesem Verrat umgehen sollte und ob sie mit ihrem Freund zusammenbleiben wollte. Wir halfen ihr nachzuspüren, wie es sich für sie anfühlte, wenn er fremdging, und sie kam mit ihrer tiefen Beschämung in Kontakt und damit, wie wertlos sie sich als Frau fühlte. Sie gab zu, dass sie im Grunde das Gefühl hatte, es nicht Wert zu sein, eine Beziehung mit ihm zu haben, weil er über eine viel „höhere" Energie verfüge und auch viel attraktiver sei als sie. Sie konnte sich nicht vorstellen, dass sie ein Geschenk für ihn sein könnte, sondern sah nur, was für ein Geschenk es für sie war, mit ihm zusammen zu sein. Als wir sie baten, den beschämten Teil in ihr kurz zur Seite zu legen und ihren Freund objektiver anzuschauen, erkannte sie klar, dass er nicht der Typ war, der nur mit einer einzigen Frau zusammen sein wollte, jedenfalls nicht zu jenem Zeitpunkt. Dann fragten wir sie, ob sie trotzdem bei ihm bleiben wolle und ihn so nehmen könne, wie er sei, samt seinem Wunsch, auch mit anderen Frauen zu schlafen. Sie bejahte. Ihr Freund war so, wie er war. Es stimmte, dass er ihre Abmachung gebrochen hatte und sie seinem Wort in dieser Hinsicht nicht trauen konnte. Doch die getroffene Vereinbarung war im Wesentlichen ein

Versuch von ihr gewesen, ihn zu ändern und zu kontrollieren. Sie gründete nicht auf einem Einvernehmen beider zu jenem Zeitpunkt, sondern auf ihren Wunschvorstellungen von ihm. Sie wurde sich bewusst, dass es keinen Wert hatte, eine solche Vereinbarung zu erzwingen.

> Wenn wir Klarheit in Beziehungen haben wollen, dann ist es wichtig eine Entscheidung zu treffen. Die Entscheidung für Tiefe oder Vielfalt sollte auf der ehrlichen Einschätzung unserer gegenwärtigen Energie basieren, und wir sollten bereit sein die Konsequenzen dieser Entscheidung wir zu tragen.

Wenn Liebende miteinander im Konflikt stehen und nicht wissen, wie sie mit der Energie umgehen sollen, die dadurch freigesetzt wird, dann bauen sich leicht Ressentiments auf, und sie hören vielleicht ganz auf, auf einer tieferen Ebene miteinander zu kommunizieren. Wenn sich unsere Verletztheit und Wut nicht äußern kann, beginnt unsere Energie sich oft zu anderen Menschen hin zu bewegen. Dann erscheint es uns plötzlich sehr reizvoll, mit anderen Männern oder Frauen zusammen zu sein. Sobald wir in einer bestimmten Rolle feststecken und unsere Beziehung mehr und mehr auf dem Trockenen liegt, fangen wir an, uns anderweitig umzuschauen. Wenn zwei Menschen nicht miteinander wachsen und ihre Beziehung und ihr gegenseitiges Vertrauen vertiefen, dann kommt es häufig vor, dass einer oder beide eine Affäre haben. Paare finden es oft leichter, einander an eine „Übereinkunft" zu binden, als die Möglichkeit zu riskieren, dass einer von ihnen fremdgehen könnte. Eine solche Übereinkunft kann jedoch nicht funktionieren, wenn sie auf einer Idealvorstellung und nicht auf Einsicht gründet.

Vor einigen Jahren gerieten zwei gute Freunde von uns, die seit mehr als zehn Jahren ein Paar gewesen waren, in Schwierigkeiten. Er hatte sich zu einer anderen Frau hingezogen gefühlt und als seine Freundin mehrere Monate im Ausland arbeitete, begann er eine Affäre mit ihr. Das war ein großer Schock, denn beide hatten in all den Jahren ihres Zusammenseins keine Liebesaffären gehabt. Ihre Beziehung war jedoch schal geworden, die Rollen waren allzu fest verteilt: Er sorgte fürs Materielle und hielt sich emotional mehr und mehr zurück, während sie immer anspruchsvoller und abhängiger von ihm wurde und sich an ihm festhielt.

In dieser Beziehungsdynamik fühlten sich beide verletzt und betrogen und grollten einander, weil sie sich nicht gesehen und verstanden fühlten. Seine Affäre mit dieser neuen Frau hielt mit Unterbrechungen mehr als ein Jahr an, und beide waren sich nicht sicher, ob sie ihre Beziehung weiterführen oder abbrechen wollten. Schließlich nahm die Frau wiederum eine Stelle im Ausland an und diesmal hatte sie eine Affäre. Nun war es an ihm, den Schmerz der Verlassenheit zu fühlen. Der emotionale Aufruhr zwang beide, sich ihr eigenes Verhalten anzuschauen und zu erforschen, was sie aus dieser Situation für Lehren ziehen konnten. Sie mussten ihre derzeitige Beziehung grundsätzlich in Frage stellen und herausfinden, ob sie zusammenbleiben wollten. Das war für beide ein fruchtbarer Prozess. Sie sah ein, dass sie sich selbst aufgegeben hatte, weil sie so abhängig von ihm geworden war, und dass es wichtig für sie war, unabhängig von ihm zu ihren eigenen Stärken zurückzufinden. Er erkannte, dass seine Rolle als Ernährer und sein emotionaler Rückzug alte Fluchtmechanismen waren und erkannte, wie viel kreativer es wäre, wenn er nicht mehr den starken Mann spielte, sondern stattdessen seine eigene Verletzbarkeit offenbarte. Heute sind die beiden wieder zusammen und ihre Beziehung ist besser und gesünder als je zuvor; ihr Zusammensein bereitet ihnen wieder Freude und sie können einander wieder wirklich wertschätzen.

In unserer eigenen Beziehung haben wie beide nie ein Interesse gehabt, mit anderen zu schlafen. Es war nicht so, dass wir uns bewusst dafür entschieden hätten, sondern eher etwas, das wir beide so fühlten. Als wir uns kennen lernten, war uns beiden klar geworden, dass es ungemein viel

Vertrauen braucht, um sich wirklich auf einen Partner einzulassen, und dass ein tiefes Vertrauen nicht nur Zeit braucht, um sich zu entwickeln, sondern auch sehr zart und zerbrechlich ist. Wir beide empfanden unser Zusammensein als so erfüllend, dass wir keinen Wunsch danach verspürten, auszubrechen.

Es sind also nicht Regeln oder mündliche Vereinbarungen, die Vertrauen aufbauen, sondern Aufrichtigkeit uns selbst und dem andern gegenüber. Wir müssen ehrlich zu unseren eigenen Bedürfnissen stehen und offen für Veränderungen sein, wenn wir merken, dass sie sich wandeln. Wir unterscheiden uns alle voneinander und brauchen zu verschiedenen Zeiten auch noch ganz unterschiedliche Dinge. Es kann sein, dass wir es erfüllender finden, Liebe und Vertrauen in einer festen Beziehung zu vertiefen, vielleicht ist es uns aber auch wichtiger, viele Liebesaffären zu haben. Und manchmal muss ein Paar einen solchen Prozess durchmachen wie im obigen Beispiel, um sich näher zu kommen.

3. Schlüssel
Unsere Lebensenergie nicht kompromittieren

Es gibt das Phänomen der Symbiose auch bei Erwachsenen. Sie ist verständlich und in langjährigen Beziehungen sehr verbreitet, kann aber ungesund und erstickend werden. Beide Seiten tun sich schwer damit, den anderen loszulassen und ihm eigenen Raum zuzugestehen, weil das sehr bedrohlich ist.

In einer unserer letzten Gruppen gab es ein Paar, das gewohnt war, alles gemeinsam zu machen. Wo der eine hinging, ging der andere mit, und sie konnten es kaum ertragen, wenn der andere nicht dieselbe Meinung hatte. Die Frau beklagte sich, ihr Mann halte sie davon ab, das zu tun, was sie eigentlich tun wolle. Sie sagte, er sei besitzergreifend und hindere sie an ihrer Entfaltung. Sie kritisierte ihn auch, weil er altmodisch sei und ihre

Vitalität auf kleiner Flamme hielte. Und als Krönung des Ganzen fühlte sie sich auch noch gestört, wenn er Computer-Spiele spielte, weil sie dann nicht meditieren könne und keine Inspiration auf spiritueller Ebene erhalte.

Wenn wir Angst davor haben, uns vom anderen zu lösen und Angst haben Raum für uns zu nehmen, wenn wir ihn brauchen, dann beschuldigen wir oft den andern, er halte uns davon ab. Und wenn wir noch ein wenig tiefer gehen, dann entdecken wir vielleicht sogar, dass wir uns vor lauter Gemeinsamkeit unserer eigenen Bedürfnisse, Gefühle und unserer Energie gar nicht mehr richtig bewusst sind. Wenn wir uns selbst aufgeben, entwickeln wir Ressentiments und verlieren unser Vertrauen.

Um Vertrauen aufzubauen, müssen wir uns darum bemühen, herauszufinden, wie sich unsere eigene Lebensenergie äußern möchte, selbst wenn das den Wünschen des Partners zuwiderläuft. Diese Einsicht ist äußerst wichtig für gegenseitiges Vertrauen, denn erst wenn wir in Einklang mit unserer eigenen Energie sind, werden wir vertrauenswürdig. Wenn wir den Mut aufbringen, unseren eigenen kreativen Neigungen nachzugehen und unsere Freundschaften und Interessen zu pflegen, auch dann, wenn unser Partner sie nicht teilt oder sie sogar Konflikte auslösen, wird das, was wir einander geben, authentischer. In wichtigen Angelegenheiten Kompromisse zu schließen erzeugt Ressentiments und Distanz. Oft geben wir nur deshalb nach oder versagen uns wichtige Dinge, weil wir die unausgesprochenen Forderungen oder die unterschwellige Missbilligung unseres Partners spüren und eine Auseinandersetzung vermeiden wollen. Solche Situationen sind Gift für's Vertrauen. Wir trauen uns nicht und auch der andere kann uns nicht trauen, weil er sich nie sicher sein kann, ob wir etwas tun, weil wir es gerne möchten, oder nur Angst haben, unserer eigenen Energie zu folgen.

Ein solcher Kompromiss wäre beispielsweise, einen Freund nicht mehr zu sehen, den unser Partner nicht mag, oder eine

Aktivität aufzugeben, die wir eigentlich genießen, weil uns das von unserem Partner entfernt. Oder wir ändern unseren Standpunkt, um mit ihm überein zu stimmen. Oder wir verhalten uns im Bett so wie der andere es mag, obwohl es sich für uns nicht gut anfühlt. Oder wir sagen Dinge, die wir nicht wirklich meinen. Solche Konzessionen können sehr subtil sein, doch sie untergraben das Vertrauen zu uns selbst und zum andern, weil wir nicht auf unsere Bedürfnisse achten. Wir müssen das Risiko eingehen, unsere eigenen Bedürfnisse zu würdigen. Das heißt jedoch nicht, dass wir uns nie anpassen sollten, wenn wir mit jemandem eng zusammen sind. Doch wenn wir uns in wesentlichen Dingen den Wünschen des anderen anpassen, ist das kein Entgegenkommen mehr, sondern ein fauler Kompromiss.

4. Schlüssel
Vertrauen entwickeln, indem wir verletzbar werden

Bei diesem Schlüssel müssen drei Aspekte beachtet werden. Zum einen brauchen wir die Bereitschaft, uns unserer Angst vor Nähe zu stellen und zu riskieren, es mit ihr aufzunehmen. Zum zweiten brauchen wir die Bereitschaft, die Geschichte unserer Scham und unserer Traumata mit unserem Partner zu teilen und uns auch die seine anzuhören. Und zum dritten brauchen wir die aufrichtige Bereitschaft, uns unserer Machtspielchen bewusst zu werden – unserer Abwehrstrategien und auch darüber, wie wir Rache nehmen.

Erstens: Die Bereitschaft, unsere Angst zu spüren, wenn wir uns öffnen: Genauso wie wir unsere Bedürfnisse und unsere Energie würdigen müssen, müssen wir uns auch ständig darum bemühen, unser Abwehrverhalten zu durchleuchten. Am Anfang einer Beziehung ist es für beide leichter, offen zu bleiben, weil alles noch so neu ist und die Wunde des Misstrauens noch nicht aktiviert wurde. Doch mit der Zeit schleichen sich immer mehr alte Muster und Abwehrmechanismen ein. Je näher wir uns in einer Beziehung kommen, desto größer wird die Angst sich zu öffnen, weil wir in die tieferen Bereiche unserer Scham und unserer Anspruchshaltung vorstoßen.

In dem Maße, wie unsere kindischen Ansprüche enttäuscht werden, wächst unser Groll oder unsere Resignation. Wenn unsere Liebe lebendig bleiben und wachsen soll, müssen wir uns bemühen, uns dem andern mehr und mehr zu öffnen. Wenn sich Groll in uns aufbaut oder unsere Angst vor Nähe ausgelöst wurde, verwickeln wir uns leicht in endlose Detailfragen, geraten in Stress, arbeiten wie besessen und lassen Tage, Wochen oder gar Monate verstreichen, bis wir wieder daran denken, miteinander eine tiefe Verbundenheit zu suchen.

> Ich (Krish) bemerkte in meiner Beziehung mit Amana zum ersten Mal in meinem Leben, dass ich mich nach einer gewissen Zeit, in der ich meine eigenen Wege gegangen war, innerlich nicht mehr wohl fühlte. Früher waren meist Schuldgefühle die Ursache für so ein Unwohlsein gewesen, doch jetzt merkte ich, dass mir wirklich etwas fehlte. Wenn ich zu viel Zeit verstreichen ließ, ohne dass wir uns nahe kamen und uns aufeinander bezogen, fühlte sich das merkwürdig und ungemütlich an. Für einen anti-abhängigen Menschen wie mich, dem seine eigene Welt viel mehr behagt als die Welt der Beziehungen, brauchte es eine gewisse Zeit der Anpassung, um sich im Zusammensein ebenso erfüllt zu fühlen wie im „Alleinsein". (Ich setze dieses „Alleinsein" in Anführungszeichen, denn als anti-abhängiger Typ habe ich nie verstanden, was Alleinsein tatsächlich bedeutet – bei mir war es eher eine Abwehrreaktion gegen meine Angst gewesen, vereinnahmt zu werden, und eine Strategie, um keine Nähe zulassen zu müssen.) Dennoch, wenn ich mich in alten Verhaltensmustern verliere und mich unbewusst in meine Welt zwanghafter Aktivität zurückziehe, mich in meinen Projekten verliere und unsere Verbindung vergesse, muss ich mich immer wieder bewusst daran erinnern, Kontakt aufzunehmen und mich mitzuteilen. Sich mitteilen bedeutet ja nicht notwendigerweise sprechen –

es ist oft eher ein energetisches Phänomen, ein „Mit dem anderen in innerer Verbindung bleiben". Und das scheint mir den Raum zu geben, sowohl mit mir selbst als auch mit Amana zusammen zu sein.

Zweitens: Die Wunden des anderen kennenlernen: Sich einander zu öffnen bedeutet immer auch, die Erfahrungen kennen zu lernen, die der andere mit Verlassenheit und der Angst, vereinnahmt zu werden, gemacht hat. Wir alle haben einen Teil in uns, der sich danach sehnt, mit einem anderen Menschen zu verschmelzen, ebenso wie einen anderen Teil, der sich lösen und allein sein möchte. Wenn wir eine dieser beiden Seiten in uns verleugnen, dann neigen wir dazu, zu polarisieren und den abgelehnten Teil in unserem Partner wieder zu finden. Sobald wir erkennen, dass beide Bedürfnisse zu uns gehören, können wir uns nicht nur selber geben, was wir brauchen, sondern auch einfühlsamer auf die Bedürfnisse des anderen reagieren. Bei Differenzen lassen diese sich leichter lösen, wenn beide Partner das Bedürfnis nach Nähe und Fürsorglichkeit wertschätzen, aber auch den Wunsch achten, Zeit für sich allein zu haben. Weil wir verletzt worden sind, stellt es eine Herausforderung dar, in einer Liebesbeziehung unsere verschiedenen Bedürfnisse mit denen unseres Partners in Übereinstimmung zu bringen, vor allem in Bezug auf Nähe und Alleinsein. In diesem Bereich sind wir extrem empfindlich gegenüber Zurückweisung und Missachtung.

Jeder von uns hat seine eigene Version, wie er in früher Kindheit verlassen (in wesentlichen Bedürfnissen depriviert) und vereinnahmt wurde (keine Unstützung in Trennung und Individuation fand). Wenn wir voneinander wissen, wie unsere Bedürfnisse nach Liebe und Fürsorglichkeit missachtet wurden, dann verstehen wir besser, weshalb wir heute manchmal so empfindlich reagieren, wenn wir meinen, keine Liebe und Nähe zu bekommen. Dasselbe gilt, wenn wir uns vereinnahmt und übergangen fühlen.

Die Geschichte unseres eigenen verletzten Kindes und die unseres Partners zu kennen hilft uns, viele Missverständnisse und Konflikte zu vermeiden. Wir müssen jedoch sorgfältig darauf achten, dies alles nicht nur mit dem Verstand zu begreifen und dieses „Verständnis" dann dazu zu benutzen, unsere eigenen Bedürfnisse und Gefühle zu verleugnen. Vertrauen kann sich erst dann entwickeln, wenn wir die Geschichte des anderen kennen und den verletzten Teil unseres Partners in unserem Herz bewahren, so als würden wir seinen Schmerz in uns aufnehmen – und ihn dadurch auf einer sehr tiefen Ebene verstehen.

> Unsere Geschichte zu kennen heißt also, mit den Traumata und den Beschämungen, die wir erlitten haben, vertraut zu sein.

Wir erfahren dabei, auf welche Weise wir von uns selbst abgelenkt wurden, wie man uns gezwungen hat, unser wahres Selbst zu verleugnen und Masken aufzusetzen, um Liebe und Anerkennung zu erhalten – wie wir nicht wertgeschätzt wurden oder nicht einmal erwünscht waren, wie man uns demütigte, unter Druck setzte, missbrauchte, programmierte und unsere gesunde Lebensenergie unterdrückte. All diese Erfahrungen bilden unsere Geschichte, und sie legen auch die Muster fest, die wir in unseren gegenwärtigen Beziehungen ausleben. Aus unserer Geschichte lässt sich herauslesen, was jeweils unsere Verletztheit auslöst und wie sie immer und immer wieder aufbricht. Und genau dasselbe gilt für den Menschen, den wir lieben.

> Ich (Krish) trage eine tiefe Verletzung mit mir herum – das Gefühl, dass die Frau, mit der ich eine Beziehung habe, immer mehr Besitz von mir ergreift und meine Freundschaften sabotiert. Zu Beginn unserer Beziehung stritten

wir uns einmal wegen einer sehr guten Freundin von mir, mit der ich früher einmal eine Beziehung gehabt hatte. Amana meinte, die Freundin respektiere unsere Beziehung nicht, ich meinerseits hatte den Eindruck, Amana versuche mich von einer engen Freundschaft abzubringen. Meine vergangenen Erfahrungen, die bis zurück in meine Kindheit reichten, hatten mir den Blick völlig getrübt. Das war ein Paradebeispiel, wo unsere Verletztheit aufeinander prallte – „Godzilla trifft Frankenstein", wie wir es nennen. Amana fühlte sich von meiner Freundin bevormundet und missachtet, ich fühlte mich von Amana kontrolliert. Glücklicherweise fanden wir genügend Raum, um diesen Konflikt auszuhalten und nachzuschauen, was er für unser jeweiliges Wachstum bedeutete. Amana musste ihrem Gefühl vertrauen, dass sie diese Frau eine Zeitlang nicht sehen und nichts mit ihr zu tun haben wollte; ich dagegen musste dazu stehen, dass jetzt Amana meine Freundin war, und sowohl ihr wie auch meiner Ex-Freundin gegenüber anerkennen, dass sie sich nicht respektiert fühlte. Und mir selbst gegenüber anerkennen, wie wichtig diese Freundschaft mit meiner ehemaligen Freundin für mich war, und dass ich mich weiter mit ihr treffen wollte, selbst auf das Risiko hin, dass Amana das nicht gefiel. Wir konnten einander mitteilen, was das Ganze in uns auslöste, wie die alte Wunde wieder aufgebrochen war, und uns anhören, was der andere brauchte. Mit der Zeit heilte diese Wunde, und heute sind wir drei eng befreundet.

Drittens: Unsere Machtspiele kennen lernen: Die Kehrseite der Verletzlichkeit sind Selbstschutz und Machtspiele. In Beziehungen greifen wir immer dann auf solche Spielchen zurück, wenn wir enttäuscht sind, uns betrogen fühlen oder unsere Grenzen verletzt wurden. Es erfordert einen starken Willensakt, sich seiner Machtspiele bewusst zu werden und sie aufzugeben. Wir haben unsere Machtstrategien entwickelt, um uns in der Welt und gegenüber anderen Menschen möglichst sicher, beschützt und stark zu fühlen. Sie verleihen uns ein falsches Gefühl von Selbstvertrauen und Stärke. Machtspiele in unseren intimen Beziehungen erzeugen mehr Misstrauen als jede andere Dynamik zwischen zwei Menschen, die sich lieben. Wenn wir einen anderen Menschen kontrollieren, Forderungen an ihn stellen, ihn bevormunden, misshandeln, manipulieren, ihm Schuldgefühle machen, ihn täuschen, anlügen, missachten oder herabsetzen, zerbricht sein Vertrauen in uns.

> Wenn wir möchten, dass uns jemand vertraut, ist es wichtig zu erkennen, was an uns die andere Person verunsichert. Was an unserem Verhalten macht es dem anderen so schwer, sich zu öffnen und verletzbar zu sein.

Kürzlich kam eine Frau ganz verstört in eine Sitzung. Sie lebte mit drei anderen Frauen zusammen in einem Haus und fühlte sich von ihnen respektlos behandelt. Sie wollte wissen, wie sie sich in dieser Lage verhalten solle. Es gab einiges, was wir zuerst klären mussten, um ihre Situation zu verstehen. Zum einen spiegelte sie ihre frühere Beziehung zu ihrer jüngeren Schwester und ihrer Mutter wider – ihre Schwester hatte mehr Zuwendung und Aufmerksamkeit von der Mutter erhalten und sie hatte sich ausgeschlossen gefühlt. Zum anderen hatte sie Angst vor starken, selbstbewussten und nicht immer einfühlsamen Frauen, in deren Gesellschaft sie in einen Schockzustand fiel. Sie konnte diese doppelte Dynamik ohne große Schwierigkeiten erkennen, wollte jedoch nicht einsehen, dass auch sie sich gegenüber den anderen Frauen respektlos und aggressiv verhielt. Es fiel ihr leicht zu sehen, wie andere ihre Grenzen übertraten, aber dass sie selber die Grenzen anderer verletzte und dass ihre Mitbewohnerinnen nur auf ihre Forderungen, Urteile und Erwartungen reagierten, sah sie nicht. Sie war wütend und anmaßend, ohne es zu merken.

Manchmal sind unser Machtmanöver so tief verwurzelt und laufen so gewohnheitsmäßig, automatisch und unbewusst ab, dass wir überhaupt nicht mit ihnen in Kontakt sind. Viel zu oft konzentrieren wir uns nur darauf, was der andere tut, und werden blind für unser eigenes Verhalten. Den Blick stets auf die Machtspiele der anderen zu richten, hält uns davon ab, uns selbst anzuschauen und zu erkennen, dass unser Verhalten teilweise dafür verantwortlich sein kann, wie der andere reagiert. Wenn wir darauf hoffen, dass die anderen als Erste ihre Machtspiele aufgeben und sich uns öffnen, können wir lange warten. Sobald wir jedoch bereit sind, unser eigenes Verhalten offen und ehrlich anzuschauen, ändert sich die Energie. In dem Augenblick, wo der andere diese Bereitschaft spürt, öffnet er sich. Andernfalls fühlt er sich nur mehr und mehr verletzt und zieht sich zurück. Er weiß vielleicht gar nicht, dass (oder warum) er sich zurückzieht, aber er fühlt sich nicht mehr sicher.

> In einer Gruppe erzählte ein Mann, er sei immer noch wütend und verletzt, weil ihn seine Frau ein Jahr zuvor verlassen hatte. Er war wütend, weil sie eine Affäre mit einem anderen Mann gehabt hatte, als sie noch zusammen waren, ohne ihm etwas zu sagen, und ihn schließlich ohne jede Erklärung verließ. Als wir seine Situation genauer unter die Lupe nahmen, zeigte sieh, dass seine Mutter in seiner Kindheit sehr lieblos zu ihm gewesen war, und er in seinen Beziehungen selbst diese Rolle übernommen hatte. Er konnte nicht sehen, wie sehr seine Kontrolle und Aggression seine Frau eingeschüchtert hatten, sodass sie sieh ihm gegenüber nicht mehr hatte öffnen können und zu große Angst davor gehabt hatte, ehrlich zu ihm zu sein, und ihn schließlich verließ. Das Einzige, was er fühlte, war, in seiner ganzen Verletzbarkeit und Offenheit zurückgewiesen worden zu sein.

Unsere Machtspiele werden von unseren Verlustängsten und von unserer Angst vor Grenzverletzungen gespeist. Sobald wir uns darüber bewusst sind, können wir den Automatismus dieses Verhaltens durchbrechen. Unsere Schattenseiten anzuschauen – Aggressionen, Launenhaftigkeit, versteckte Ressentiments, kontrollierendes oder tyrannisches Verhalten, Verführungsmanöver, Unaufrichtigkeit, Konkurrenzdenken und Rachsucht – ist weit schwieriger als unsere Wunden zu erforschen. Unsere Wunden haben etwas Heiliges, doch für diese anderen Wesenszüge fühlen wir uns schuldig und wollen sie nicht wahrhaben. Es ist nicht leicht, diese Wesenszüge zu akzeptieren und uns zu vergeben, dass sie ein Teil von uns sind. Doch auch sie sind bloß eine Tarnung für unsere Ängste und Wunden. Je tiefer unser Verständnis darüber reicht, wie wir traumatisiert und beschämt wurden, desto leichter wird es, auch solche Eigenschaften in einem liebevollen Licht zu sehen und zu verstehen, dass sie unsere Überlebensstrategien sind. Auch wenn wir sie heute nicht mehr brauchen – früher in unserem Leben haben wir sie auf jeden Fall gebraucht.

5. Schlüssel
Die Verantwortung für die eigene Erfüllung übernehmen

Die Konditionierung der meisten von uns ist so eng verknüpft mit dem Traum von der großen Liebe, dass wir glauben, eine magische Erfüllung warte auf uns, sobald wir nur den „einzig Richtigen" finden. Wenn wir diesen verbreiteten Irrtum in unsere Beziehungen hineintragen, dann mündet das fast unweigerlich in einer Katastrophe. Wenn wir unsere Beziehung vertiefen und zum Blühen bringen wollen, müssen wir im Gegenteil unsere eigene kreative und spirituelle Erfüllung entdecken.

Bei unserer Arbeit stoßen wir oft auf Menschen, die diesen Schritt noch nicht selbst getan haben und abhängig von ihrem Partner oder ihrer Beziehung sind, die dieses Loch in ihnen füllen sollen. Wir haben die Erfahrung gemacht, dass jeder von uns kontinuierlich nach innen schauen und sich selbst das geben muss, was er zur Erfüllung seiner kreativen und spirituellen Bedürfnisse braucht. Um einen anderen Menschen wirklich wertschätzen und lieben und seine einzigartigen Gaben erkennen zu können, müssen wir in unserem eigenen Leben Erfüllung gefunden haben. Wir müssen unserer Kreativität Ausdruck geben und auf eine Weise mit uns umgehen, die uns, unabhängig von unserem Partner, Freude bereitet.

Wenn wir alles auf der Beziehung abladen und vom anderen erwarten, dass er uns Erfüllung verschafft, zerstören wir die zarte Blume der Liebe.

6. Schlüssel
Sich dem Alleinsein öffnen

Dies bringt uns zu dem letzten Schlüssel, der in gewisser Hinsicht der allerschwierigste ist, weil er uns zwingt, uns mit unseren tiefsten Ängsten vor Verlassenheit, Ablehnung und Isolation auseinander zu setzen. Wir haben dieses Thema bereits in einem der vorhergehenden Kapitel diskutiert, doch es ist eine so wichtige Voraussetzung, dafür dass zwischen zwei Liebenden Vertrauen entstehen kann, dass wir es in diesem Zusammenhang noch einmal erwähnen müssen.

Wenn wir bereit sind, unser Alleinsein anzuerkennen, bereiten wir den Boden, auf dem Liebe und Vertrauen erblühen können, weil der Mensch, den wir lieben, nicht das Gefühl hat, seine Freiheit aufgeben zu müssen, um unsere Liebe zu erhalten.

Wenn wir die Bereitschaft zeigen, uns mit der Frustration auseinander zu setzen, dass der andere nicht so ist, wie wir ihn (oder sie) gerne hätten, dann merkt er, dass unsere Liebe nicht mehr an Bedingungen geknüpft ist. Das ist das größte Geschenk, was wir uns selbst und dem, den wir lieben, machen können.

TEIL 4

VERTRAUEN UND INTELLIGENZ

13. Kapitel

Innere und äußere Lehrer:
Die Reise von der Mystifikation zur Intelligenz

JEDES MAL, WENN WIR UNS ÖFFNEN, SEI ES FÜR EINEN GELIEBTEN, FÜR EINEN Freund, einen Lehrer, einen Therapeuten oder für einen spirituellen Meister, durchlaufen wir ähnliche Phasen wie die, die wir bereits beschrieben haben: die anfängliche Vorsicht (allumfassendes Misstrauen), das überschwängliche, freudige Öffnen verbunden mit einem Gefühl von Vertrauen (Scheinvertrauen) und schließlich die Gefühle von Verrat und Enttäuschung. Wenn wir, statt dem anderen die Schuld zu geben, mit dem richtigen Verständnis durch diese Phasen hindurchgehen, können wir zu echtem Vertrauen gelangen.

Um unser anfängliches Misstrauen zu überwinden, idealisieren wir meistens die Person, die uns vertrauenswürdig erscheint. Wir sind fasziniert, stellen sie auf ein Podest und haben keinen klaren Blick dafür, wer dieser Mensch eigentlich ist. Dieses Phänomen der Mystifikation lässt sich kaum vermeiden, weil die meisten von uns ein tiefes Bedürfnis haben, sich jemandem hinzugeben, der uns überlegen ist und „Bescheid weiß".

Tatsächlich hat der Vorgang der Mystifikation auch seine schöne Seite. Um emotional und spirituell zu wachsen, müssen die meisten von uns etwas außerhalb unseres eigenen Horizontes anvisieren. Um zu wachsen, müssen wir ein Risiko eingehen, unsere Abwehrmechanismen loslassen und uns gestatten, offen zu sein. Sonst ist es schwer, wenn nicht sogar unmöglich, unsere alte Konditionierung aufzugeben und uns auf neue Art zu erfahren – uns zu öffnen, um unsere Wunden aufzuarbeiten und einen neuen Zustand der Bewusstheit und der Wachheit zu erreichen. Ohne die Unterstützung durch die Mystifikation verstecken wir uns allzu leicht hinter den Verteidigungsmechanismen des Egos und wären nicht bereit, neue Seiten unseres Wesens zu entdecken. Es gibt wohl kaum ein Gebiet, wo dieser Prozess intensiver und bedeutsamer ist, als in unserem spirituellen Wachstum. Wenn wir uns einem spirituellen Lehrer, einem Therapeuten oder einem Meister öffnen, ist unsere Seele am verletzlichsten.

> In spirituellen und emotionalen Wachstumsprozessen steht mehr auf dem Spiel für uns als sonst wo, weil wir hier die tiefsten und heiligsten Plätze unseres Wesens zeigen.

Die Suche nach Wahrheit, nach Frieden und nach dem Sinn des Lebens ist ein tiefes, leidenschaftliches Bedürfnis. Und weil dies ein so tiefer und bedeutsamer Bereich ist, sind wir auch zutiefst überzeugt davon, dass die Person, der wir uns öffnen, unser Vertrauen auf gar keinen Fall enttäuschen darf. Er soll leben, was er lehrt, und absolut integer sein. Ein spiritueller Lehrer sollte authentisch sein und außerordentlich feinfühlig für unsere Grenzen. Darüber hinaus glauben wir, dass es zur Verantwortung des Lehrers gehört, keine Abhängigkeit bei seinen Schülern zu erzeugen, sondern sie zu bestärken, ihre eigene Intelligenz zu entdecken. In einer idealen Welt mag das der Fall sein, aber in der Welt, in der wir leben, liegen die Dinge anders.

Viele Lehrer sind in ihrem Ego gefangen; sie rufen Abhängigkeiten hervor, statt ihren Schülern zu helfen, ihre eigene Intelligenz zu entwickeln, um die Abhängigkeit zu bearbeiten und zu reifen.

Letzten Endes liegt es in unserer eigenen Verantwortung, unsere innere Führung wieder zu finden. Wenn wir uns einem Lehrer öffnen, müssen wir mit der Möglichkeit leben, betrogen zu werden oder uns zumindest so zu fühlen. Dann müssen wir diese Erfahrung eben durcharbeiten, die Wunde unseres Misstrauens erforschen und auf diese Weise reifes Vertrauen entdecken. An einem bestimmten Punkt müssen wir unsere eigene Kraft wieder zu uns zurücknehmen, statt sie auf den Lehrer zu projizieren. Wir müssen die Führung, die wir erhalten, integrieren und wieder zu unserer eigenen machen.

Falls wir uns betrogen fühlten, liegt es in unserer Verantwortung, diese Erfahrung nicht als Ausrede zu benutzen, um uns zu verschließen, sondern unsere Verletztheit zu verarbeiten und offen zu bleiben. Denn letztendlich geht es darum, sich der Existenz, dem Leben selbst, zu öffnen und dadurch zu erfahren, dass uns das Leben in seinen Händen hält. Das ist das Vertrauen, nach dem wir uns alle sehnen und das uns zutiefst fehlt.

Die Geschichte des Autors

Ich möchte meinen eigenen Prozess auf diesem Gebiet beschreiben, weil darin die einzelnen Stadien, über die wir gesprochen haben, deutlich zu erkennen sind: zuerst das Misstrauen, gefolgt von Mystifikation, dann die Erfahrung von Verrat und zum Schluss die Entdeckung von echtem gereiftem Vertrauen.

> Vor einundzwanzig Jahren arbeitete ich als Therapeut und Arzt in Laguna Beach, einer kleinen Stadt im Süden Kaliforniens. Ich hatte mich mit verschiedenen spirituellen Richtungen einschließlich Yoga und Vipassana-Meditation beschäftigt und hatte verschiedene Therapeuten aufgesucht, aber ich hatte noch keine Begegnung mit einem spirituellen Lehrer gehabt. Während meiner Ausbildung hatte ich zwar wie verrückt gearbeitet, doch nach Examen und medizinischem Praktikum fühlte ich mich unzufrieden

und wusste einfach, dass es noch mehr im Leben geben musste als Karriere und Familienleben. Ich war intensiv auf der Suche nach der Wahrheit, hatte es mit bewusstseinsverändernden Drogen und Selbsterfahrungsgruppen probiert, aber ich wusste, dass es noch mehr zu entdecken gab. Eines Tages hörte ich von einem spirituellen Lehrer in Indien und fühlte mich zu ihm und seinen radikalen Ideen und Methoden hingezogen. Die Anziehung war in der Tat so stark, dass ich meine Praxis und mein Leben in Kalifornien aufgab, um mich für unbekannte Zeit auf ein spirituelles Abenteuer einzulassen. Im Ashram angekommen sah ich mich einer wilden Szenerie hunderter rotgewandeter Menschen gegenüber, die einem spirituellen Meister namens Bhagwan Shree Rajneesh, später „Osho" genannt, folgten. Die Leute schienen sehr freundlich, offen und locker miteinander umzugehen, doch ich fühlte mich als völliger Außenseiter und niemand gab sich besondere Mühe, mich mit einzubeziehen. Zum Programm im Ashram gehörte ein morgendlicher Vortrag von Osho, in dem er Texte aus anderen spirituellen Traditionen kommentierte oder Fragen seiner Schüler beantwortete. Zudem gab es eine große Auswahl an Therapie- und Meditationsgruppen. Man stellte sein Programm im Allgemeinen nach einem Gespräch mit Beratern im Büro zusammen, die auf Grund einer „intuitiven" Beurteilung des Besuchers Vorschläge machten.

Ich war höchst skeptisch und ein wenig eingeschüchtert durch die ganze Szenerie, aber immer noch neugierig. Also meldete ich mich zu einer Reihe von Kursen an und besuchte die Vorträge. Hier sprach Osho häufig darüber, was es hieß, sich selbst zu finden und frei, still und meditativ zu sein. Er sagte zum Beispiel, um tief in Meditation gehen zu können, müssten wir zuerst mit unserer Konditionierung brechen, die uns in alten repressiven Glaubensvorstellungen gefangen hält, und müssten lernen, unser Leben aus dem Vollen zu leben. Er sagte auch, dass strenge Disziplin lediglich unser Ego stärke und dass es viel wichtiger sei, loszulassen und zu leben. Das sprach mich sehr an, da ich viele Jahre lang rigorose Yoga- und Meditationstechniken praktiziert hatte und mich ziemlich „ausgetrocknet" fühlte. Osho sagte auch, wir seien nicht da, um ihn zu verehren oder ihm zu folgen, sondern einzig und allein, um uns selbst zu finden.

Ich nahm an Therapiegruppen teil. Sie waren viel radikaler, als alles, was ich von Kalifornien gewohnt war. In diesen Gruppen lernte ich, ungehindert meine Sexualität zu erforschen und Gefühle wie Wut und Schmerz offener als in der Vergangenheit auszudrücken. In den nächsten Wochen wurde mir klar, dass ich hier am richtigen Platz war, und ich hatte das starke Gefühl, nach Hause gekommen zu sein. Ich ließ mich als Schüler einweihen. Einweihung bedeutete auch, einen neuen Namen und eine Mala zu bekommen. (Eine Mala ist eine Kette aus 108 Holzperlen, die jeweils für verschiedene Meditationstechniken stehen, und einem Anhänger mit dem Bild des Meisters darauf.) Als mein Name aufgerufen wurde, ging ich nach vorn und sah in Oshos Augen. Was ich sah, berührte mich zutiefst. Ich hatte das überwältigende Gefühl, dass da niemand war. Wenn ich in seine Augen schaute, schaute ich ins Universum. Trotzdem sprach dieser „Niemand" persönlich zu mir. Er sagte, ich bräuchte nicht so angestrengt nach Gott suchen. Es sei genug, wenn ich einfach das Leben genießen würde, dann würde Gott mich schon finden. Er fragte mich, wie lange ich bleiben würde. Zuerst sagte ich: „Vier Monate" (was meinem Plan entsprach), aber kaum waren die Worte heraus, fügte ich hinzu: „oder vielleicht für immer".

„Für immer ist ein bisschen länger", hörte ich ihn antworten.

Während der nächsten Monate engagierte ich mich intensiver im Leben der Kommune. Ich machte noch mehr Therapie- und Meditationsgruppen und bekam dann eine Arbeit als Schreiner zugewiesen (für die ich etwa so geeignet war wie ein Elefant). Die Arbeit gefiel mir nicht besonders, doch ich freute mich, Teil der Kommune zu sein. Meine Hingabe an Osho wuchs, obwohl ich nie ein besonders hingebungsvoller Mensch gewesen war. In seiner Gegenwart hatte ich das Gefühl, ich säße in Gegenwart der Wahrheit selbst, und dieses Gefühl war zutiefst erfüllend - erfüllender als alles, was ich je zuvor erfahren hatte. Ich hatte eine starke Sehnsucht nach der Wahrheit gehabt, doch begegnet war ich ihr noch nicht. Jetzt hörte ich sie nicht nur in Worten, ich konnte sie auch fühlen. Dazu kam, dass die Erfahrung, ein Schüler zu sein, mir realer vorkam als alles, was ich je zuvor gemacht hatte. Im Vergleich dazu schien meine frühere Suche nach der Wahrheit eigentlich nur eine Idee gewesen zu sein.

Aber es war auch oft nicht einfach. Ich fühlte mich unsicher, hatte die Kontrolle verloren, war voller Zweifel und hasste es, ein Schreinerlehrling zu sein. Ich sehnte mich danach, etwas zu tun, worin ich gut war, und wartete geduldig darauf, dass man mich einlud, Therapiegruppen zu leiten. Ungefähr zehn Monate nachdem ich dort angekommen war, zog die Kommune von Indien nah Amerika um. Nur ein paar hundert Leute waren eingeladen worden, im Anfangsstadium dieser neuen Kommune dabei zu sein. Ich gehörte dazu, vielleicht weil ich Arzt war. Wir begannen in der Wildnis von Oregon eine Stadt zu bauen – Häuser und Bürogebäude, ein Therapiezentrum, eine riesige Meditationshalle, ein Zentrum mit Geschäften und Restaurants, zwei große Selbstbedienungsrestaurants, eine Farm, wo unser ganzes Gemüse angebaut wurde, eine Molkerei, ein medizinisches Zentrum und ein Hotel. Das Ganze dauerte vier Jahre und während dieser Zeit arbeiteten wir bis zu 16 Stunden am Tag. Wir hatten wenig Kontakt mit Osho, der während dieser Zeit in Stille und Abgeschiedenheit lebte. Nur wenn er seine tägliche Spazierfahrt machte, fuhr er langsam an uns vorbei, um uns zu grüßen.

Einmal während meines Aufenthalts in Oregon hatte ich die Gelegenheit, Osho im Zusammenhang mit einer Aufgabe im medizinischen Zentrum (nur einer meiner vielen Jobs) persönlich zu besuchen. Ich war noch nie mit ihm allein gewesen. Ich war sehr aufgeregt und hatte keine Ahnung, was mich wohl erwartete. Als ich eintrat, grüßte er mich, und ich entspannte mich sofort. Das Zimmer, in dem er saß, war sehr schön, aber bis auf seinen Stuhl und eine Stereoanlage gab es keine Möbel. Über dem Raum lag eine Ruhe und Stille, die schwer zu beschreiben sind. Die Zeit verging sehr leicht und einfach, und als ich mich verabschiedete, dankte er mir, dass ich gekommen war. Es kam mir so vor, als sei nicht viel geschehen, doch als ich hinausging, empfand ich einen tiefen Frieden in mir.

Im Laufe der Jahre ereigneten sich jedoch merkwürdige und unverständliche Dinge in der Gemeinschaft. Die Leitung der Kommune, ausschließlich Frauen, wurde immer tyrannischer. Es gab einen Konflikt mit der amerikanischen Regierung und mit den örtlichen und den Behörden Oregons. Teilweise wurde der Konflikt dadurch geschürt, dass unsere Gemeinschaft sowie Oshos Lehren in sich kontrovers waren, doch dazu kam, dass die Frau, der die Leitung der Kommune unterstand, äußerst provokative Fernsehinterviews gab. Unter dem Vorwand, wir müssten uns gegen einen möglichen Angriff der Regierung verteidigen, wurde eine Sicherheitstruppe gebildet, die mit Waffen ausgerüstet war.

Was als unschuldiges und lebensfrohes Experiment begonnen hatte, verwandelte sich in einen Albtraum. Schließlich spitzten sich die Dinge zu. Eines Nachts verließ die Gruppe der verantwortlichen Frauen die Kommune. Ich werde wahrscheinlich nie genau erfahren, was tatsächlich geschehen war, und es interessiert mich auch schon lange nicht mehr, aber einiges erfuhr ich doch. Anscheinend wurden die Frauen von ihrer eigenen Paranoia eingeholt, sie hatten nämlich alle Telefone anzapfen lassen, um die Gespräche zu überwachen, hatten Fluchttunnel aus ihrem eigenen Wohnquartier graben lassen, die Ermordung von Regierungsbeamten geplant und weitere schreckliche Taten. Osho sagte, er habe von alledem nichts gewusst, und rief das FBI, um Untersuchungen anstellen zu lassen. Doch die Behörden interessierten sich auch für ihn und wiesen ihn schließlich aus den USA aus. Kurz danach wurde die Kommune in Amerika geschlossen.

Mein Traum vom Leben in einer spirituellen Kommune, gemeinsam mit anderen spirituellen Suchern unter der Leitung eines Erleuchteten, war zerbrochen und ich war am Boden zerstört. Ich fühlte mich bitterlich betrogen, denn selbst wenn Osho von den meisten Vorfällen nichts gewusst hatte, so hatte er doch die Frauen ausgesucht, die den Platz leiteten, und schließlich war es ja seine Kommune gewesen. Außerdem war ich wütend und verletzt, weil ich ihm vertraut hatte und glaubte, er habe mein Vertrauen betrogen.

Ich ging nach Kalifornien zurück und nahm eine Stelle als Arzt in einer Notarztpraxis an. Ein paar Monate später übernahm ich die psychiatrische Abteilung in dem Krankenhaus, wo ich meine Ausbildung als Hausarzt gemacht hatte. Unterdessen war Osho ein ganzes Jahr lang um die Welt gereist – auf der Suche nach einem Ort für eine neue Kommune. Am Ende sah er sich gezwungen, nach Indien an den Ort der ursprünglichen

Kommune zurückzukehren, weil die amerikanische Regierung verhinderte, dass ihn irgendein anderes Land aufnahm. Ich hatte Kontakt zu alten Freunden, die nach Indien fuhren, aber ich war zu verletzt, um auch nur daran zu denken.

Zwei Jahre vergingen, während derer ich eine lose Verbindung aufrechterhielt. Allmählich wuchs in mir trotz meiner Verletztheit und Zweifel der Wunsch, nach Indien zurückzukehren. Meine Beziehung zu Osho war noch nicht vorbei. Auch lernte ich in meiner Abteilung viel über Verlassenheitswunden aus dem frühen Kindesalter und wie wir sie in unserem heutigen Leben von neuem inszenieren. Dadurch sah ich das Geschehene aus einer anderen Perspektive und begann zu verstehen, dass es alte Wunden aufbrechen ließ, die nach Heilung verlangten. Mir wurde klar, dass mein Gefühl des Verratenseins durch den Meister diese frühen Wunden wie in einem Vergrößerungsspiegel erscheinen lies.

Noch immer hatte ich Zweifel. Mein Herz taute zwar wieder auf, doch mein Verstand verlangte nach Antworten. Eines Tages nahm ich an einem Workshop teil, den ein Lehrer und Freund für Leute entwickelt hatte, die die Amerika-Erfahrung gemacht hatten und jetzt zurückgekehrt waren. Am letzten Tag kam Oshos Sekretärin in unsere Gruppe, um uns etwas zu erzählen, was Osho kürzlich zu ihr gesagt hatte. Er hatte gesagt, wenn er abends in die Halle komme, um zu uns zu sprechen, dann erkenne er die Leute aus der Kommune in Amerika wieder. Er sei sehr berührt, unsere Gesichter wieder zu sehen. Er wüsste, was wir durchgemacht und wie wir gelitten hätten, und wir sollten wissen, dass wir eine der härtesten Prüfungen durch gestanden hätten, die ein Meister seinen Schülern geben kann. Er erklärte, dass er uns in jeder seiner Kommunen etwas anderes habe lehren wollen. In der ersten hätten wir gelernt unsere Lebensenergie, insbesondere unsere Sexualität, auszuleben und zu transformieren. Die zweite sei eine Lehre über die Natur von Macht und politischem Denken gewesen. Und in der letzten Kommune würden wir über Meditation und Tod lernen.

Ich weiß nicht warum, aber diese Worte haben mich so tief berührt, dass ich eine Stunde lang geweint habe. Ich habe niemals vorher oder nachher so geweint. Von da an brauchte mein Verstand keine Antworten bezüglich der Amerika-Erfahrung mehr. Auf einer sehr tiefen Ebene verstand ich, dass alles, was ich mit meinem Meister erfahren hatte, ein Spiegel meines inneren Prozesses gewesen war. Ich verstand, dass es außen nichts gab, dem man misstrauen oder auf das man hätte reagieren können, denn grundsätzlich gibt es kein Außen. In diesen kostbaren Momenten machte ich eine tiefe Erfahrung innerer Einsicht und des Loslassens. In jenem Augenblick der Hingabe wurde ich von Liebe und Dankbarkeit durchströmt, und diese Erfahrung hat mich seither begleitet.

Einige Monate später verließ Osho seinen Körper. Ich lebte noch einige weitere Jahre in der Kommune in Indien. Jetzt, wo der Meister körperlich nicht anwesend war, gab es niemanden mehr, den ich jeden Tag sehen konnte, dem ich Fragen stellen und zuhören konnte. Ich musste die körperliche Form des Meisters loslassen. Aber dann entdeckte ich den verborgenen Segen darin. Es hat mir den Mut gegeben, die Weisungen, die ich außen gesucht hatte, in meinem Innern zu entdecken. Diese Entdeckung hat mir auch die Möglichkeit gegeben, von anderen Lehrern zu lernen, ohne sie zu mystifizieren. Ich habe erkannt, dass ich lernen kann, ohne meine Stärke und meine Intelligenz aufzugeben. Ich muss die Lehrer, von denen ich lerne, weder idealisieren noch klein machen. Ich kann das annehmen, was sie zu lehren haben und sowohl ihre Qualitäten wie auch ihre Unzulänglichkeiten viel klarer erkennen.

Die Geschichte der Autorin

Ich möchte schildern, wie ich gelernt habe, meiner Spiritualität zu vertrauen und meinen inneren Lehrer zu entdecken. Es geht um eine Zeit, als mein Mann und ich eine Krise hatten, und es lange so aus sah, als würden sich unsere Wege trennen. Ich hatte während unserer gemeinsamen Zeit mehrere große Herausforderungen zu bestehen und jede hat mein Vertrauen in mich selbst gestärkt, auch wenn die Herausforderungen manchmal die Hölle waren und ich glaubte, ich könnte es keinen Tag länger aushalten.

Im Jahr 1998, wir waren seit fünf Jahren zusammen und hatten uns gerade ein Haus in Sedona gekauft, löste ich mich langsam von der spirituellen Gemeinschaft, der wir beide dort angehörten. Wir waren ursprünglich nach Sedona gezogen, um uns dieser Gemeinschaft anzuschließen. Sie war inspiriert vom Geist einer Frau, die wir aus Indien kannten und mit der wir dort zusammengearbeitet hatten. Sie hatte in Sedona eine „Mysterienschule" gegründet, die inspiriert war von unserem spirituellen Meister Osho, und sie hatte Methoden entwickelt, wie seine Lehren ins tägliche Leben integriert werden können. Kurz nachdem wir unser Haus gekauft hatten, wurde bei ihr Krebs diagnostiziert und ein Jahr später starb sie. Nach ihrem Tod fühlte ich mich nicht mehr zu der Arbeit dort hingezogen und ich hatte den Eindruck, dass die hierarchische Struktur der Mysterienschule nicht mehr mit Leben erfüllt war. Die Leute, die die Schule leiteten, führten alles genauso weiter wie vorher, doch für mein Gefühl war die Atmosphäre, die mich ursprünglich angezogen hatte, verschwunden. Ich machte eine anstrengende Zeit durch, in der ich an allem zweifelte. Es war sehr schmerzhaft und es gab niemanden, dem ich mich hätte anvertrauen können. Krish ging es ganz anders und er fühlte sich durch meine Zweifel bedroht. So musste ich alles alleine bewältigen. Nach mehreren Monaten konnte ich mich endlich dazu entschließen, diese Mysterienschule zu verlassen. Die Schule ähnelt einem Klub, ein Austritt bedeutete, dass man sich von vielen Bekannten und vielleicht auch Freunden trennt. Ich wusste nicht, ob eine meiner Freundschaften es überleben würde, dass ich nicht mehr dazugehörte. Aber ich musste mir treu bleiben. Wenn ich geblieben wäre, wäre es nur aus der Angst geschehen, Freunde oder das Gefühl der Zugehörigkeit zu verlieren, und mit solch einem Kompromiss konnte ich nicht leben. Etwas in mir wollte frei sein, zu keiner Gruppe oder Sekte gehören, sondern einfach ich selbst sein mit allem, was dazugehört. Lieber wollte ich in meiner eigenen Dunkelheit leben als im Licht irgendeines anderen Menschen. Das war mir wichtiger als alles andere. Ich konnte nicht Schülerin der Leute sein, die die Leitung der Schule hatten. Also schied ich aus der Gruppe aus. Mein Mann gehörte ihr weiterhin an und verurteilte es, dass ich nicht mehr dabei sein wollte.

Er misstraute meinem Weg und glaubte, dass ich nicht weiter wachsen und mich vielleicht nur drücken wollte. Das öffnete eine tiefe Wunde in mir: Der Mensch, den ich liebte, traute meinem Weg nicht und verurteilte ihn sogar. Meiner Vorstellung nach sollte jemand, der mich liebt, mich auch verstehen und unterstützen und auf keinen Fall verurteilen, was ich tue oder entscheide. Jemand, der mich liebt, sollte total hinter mir stehen. Ich hatte geglaubt, in Krish jemanden gefunden zu haben, von dem ich mich verstanden fühlte, mit dem ich alles teilen konnte - eben einen richtigen Freund! Und nun wurde mir der Boden unter den Füßen weggezogen. Ich fühlte mich schrecklich betrogen und merkte, dass ich nicht mit einer Liebe leben konnte, die Bedingungen stellte. Gleichzeitig fühlte ich mich an Krish gebunden, weil ich ihn liebte und wusste, dass ich ihn nicht verlassen wollte. Mein Herz würde das nicht zulassen. Innere Stimmen des Misstrauens sagten mir: „Wie kannst du jemanden lieben, der dich nicht unterstützt und dich sogar verurteilt? Wie kannst du mit jemandem zusammen sein, der dich nicht bedingungslos liebt?" Diesen Zwiespalt auszuhalten, den Schmerz zu fühlen und diesen Stimmen immer wieder zuzuhören bewirkte eine Veränderung in mir. Ich erkannte, dass es nicht darum ging, bedingungslos geliebt zu werden, sondern darum, dass ich mich selbst genügend liebte, um das zu achten, was ich gerade erfuhr. Diese Situation bot mir die Gelegenheit, mich so zu achten und zu lieben, dass ich, selbst wenn die ganze Welt gegen mich wäre oder mich nicht verstünde, immer noch genau das tun würde, was mir richtig erschien.

Durch diese Erfahrung musste ich wohl hindurchgehen, um zu erkennen, dass das, was ich unbewusst von Krish gefordert hatte, etwas war, wofür ich mich selbst innerlich öffnen musste - und dass es außen nichts und niemanden gibt. Es spiegelte mir eine enorme innere Leere, Einsamkeit und Traurigkeit. Und nur ich allein konnte da sein und sie nähren, indem ich sie nicht ablehnte. Es war eine Prüfung. Durch sie sollte mein innerer Orientierungssinn reifen und ich sollte lernen auf ihn zu hören, selbst wenn die ganze Welt dagegen war. Damit dieser Reifeprozess geschehen konnte, musste ich diesen Weg alleine gehen.

Interessanterweise geriet Krish ein Jahr später selbst in Konflikt mit den

Leitern der Schule und ging. Jetzt war er mit seinem Trennungsprozess von der spirituellen Gemeinschaft konfrontiert, der er über zehn Jahre angehört hatte. Es war eine schwierige Zeit für ihn, voller Kummer über den Verlust der Freunde und der Gemeinschaft. Jetzt konnte er einiges von meiner Erfahrung nachempfinden. Ich erhielt die Unterstützung und das Verständnis, wonach ich mich so gesehnt hatte, doch jetzt waren sie nicht mehr so wichtig; tatsächlich konnte ich ihn in seinem Trennungsprozess begleiten.

Heute weiß ich, dass meine Erfahrung nichts mit der Schule oder den Leuten dort zu tun hatte. Es war eine Prüfung gewesen, damit ich Unterstützung und Verständnis nicht mehr auf die Außenwelt projizierte. Ich sollte lernen, mir selbst und der Richtung, die das Leben mir weist, zu vertrauen, selbst wenn ich diese Richtung nicht auf Anhieb verstehe und auch kein anderer in meiner Umgebung sie versteht. Es war eine Prüfung, die mich gelehrt hat, der inneren Stimme zu folgen, ganz gleich wohin sie mich führt und zu wissen, dass ich mit ihr nicht in die Irre gehen werde.

14. Kapitel

In der Vertikalen leben: Unserer Intelligenz vertrauen und Leidenschaft ins Leben bringen

WIE LEICHT RUTSCHEN WIR IN EINEN LEBENSSTIL AB, WO SICHERHEIT, „HARMONIE" und der Widerstand gegen Veränderung unser Verhalten bestimmen! Dies ist eines der größten Hindernisse für Lebendigkeit und Vertrauen ins Leben. Wir nennen dies: „horizontal" leben Wenn wir „horizontal" leben, haben wir kein Vertrauen ins Leben und in unsere eigene Intelligenz.

Innerhalb dieses Denkmusters regiert Angst und wir werden schnell von unserem regredierten Kind gesteuert, dessen Konditionierung aus Angst besteht. Diese Angst lässt uns innerlich schrumpfen, wir lassen verletzende Begegnungen durchgehen, ohne zu bemerken, dass sie uns verletzt haben. Wir errichten Mauern zwischen uns und denen, die wir lieben, indem wir Geheimnisse vor ihnen haben.

Wir hören nicht auf unser Herz und wir sagen nicht die Wahrheit. Wir werden unehrlich. Wir geben praktischen Angelegenheiten mehr Gewicht als persönlichem Austausch. Wir leben in einem Zustand verringerter Lebensenergie, machen faule Kompromisse, um Liebe und Aufmerksamkeit zu erhalten, und geben unverzichtbare Aspekte unseres Lebens auf, um jemand anderem zu gefallen. Wir haben keinen Sex mehr oder wollen uns nicht damit auseinander setzen, warum wir uns sexuell von unserem Partner zurückziehen. Wir haben solche Angst vor Disharmonie, dass wir alle möglichen Ausreden finden, nur um nichts tun oder sagen zu müssen, das die Harmonie gefährden könnte.

Das kann so weit gehen, dass wir uns gänzlich von dem Menschen zurückziehen, der uns enttäuscht oder frustriert hat, und schließlich sogar von der Liebe und vom Leben als Ganzem. Vielleicht bleiben wir auch bei dem Partner, der uns enttäuscht oder frustriert hat, ignorieren jedoch den Schmerz und die Enttäuschung, die er oder sie ausgelöst hat – und verschließen unser Herz. Dann wird die Beziehung allmählich kühl und oberflächlich, bis sie schließlich abstirbt.

Die horizontale Lebensweise kann sich auf subtile Weise einschleichen. Unser Leben und unsere Beziehungen fangen an, sich verstaubt, trocken und abgestanden anzufühlen. Sie kann dazu führen, dass wir in Resignation und Depression verfallen. Vielleicht stellen wir sogar fest, dass wir ein ganz ähnliches Leben führen wie unsere Eltern, nach den gleichen alten Strickmustern, mit ähnlichen Ängsten und Angewohnheiten und dass wir die Freude und das Staunen im Leben verloren haben.

In der Vertikalen leben

Sobald Risikobereitschaft und Aufrichtigkeit Einzug in unser Leben halten, können wir „vertikal" leben: Unsere Leidenschaft für die Wahrheit und für ein wirklich lebendiges Leben erwachen. Wir möchten uns vom Leben und anderen Menschen tief berühren lassen und beginnen mit Würde und Freude zu leben. Wenn wir vertikal leben, ändern sich unsere Prioritäten. Jetzt lassen wir Veränderung nicht nur zu, wir begrüßen sie.

- Wir beginnen auf unsere Intuition zu hören und achten unsere Lebensenergie.

- Wir achten nicht so sehr darauf, was andere von uns denken, sondern folgen unserem eigenen Herzen, egal, welche Konsequenzen das haben könnte.

- Wir werden aufrichtig und verstecken uns nicht mehr.

- Wir spüren die enorme Energie, die durch ein aufrichtiges Leben freigesetzt wird, und beginnen stolz auf das zu sein, was wir eben sind.

- Wir möchten nicht mehr so viele Kompromisse machen und sind nicht mehr bereit, uns um eines Vorteils willen missbrauchen zu lassen.

- Wir achten auf jede Störung, die zwischen uns und den uns nahe stehenden Menschen entsteht, und räumen sie direkt aus dem Weg.

- Unsere Lebensenergie flammt auf, wir sind weniger fixiert auf unsere Gedanken und unseren Verstand und leben mehr im Körper und im Herzen.

Von einem übergeordneten Standpunkt betrachtet überlassen wir beim vertikalen Leben unsere Energie dem Lebensfluss und beginnen, im Einklang mit der Existenz zu leben, statt gegen sie anzukämpfen.

> Maria lebte bei ihren Eltern. Sie begann sich für Meditation zu interessieren und fing an zu Hause verschiedene Meditationstechniken auszuprobieren. Einige Zeit später nahm sie an einem längeren Meditations-Retreat teil. Als sie zurückkam, wurde sie von ihren Eltern, traditionsbewussten italienischen Katholiken, zur Rede gestellt, die ihr erklärten, sie hätte sich auf den Pfad der Sünde begeben. Wenn sie ihre neue Art nicht aufgeben würde, bekäme sie keine finanzielle Unterstützung mehr von ihnen und müsse sofort ausziehen. Die folgende Nacht war die Hölle für Maria. Sie suchte verzweifelt nach einer Lösung und am Morgen erklärte sie ihren Eltern,

dass sie ausziehen würde. Als sie dann auf der Straße stand, am Boden zerstört, ohne Arbeit, ohne Zuhause oder irgendeine Unterstützung, besaß sie die Geistesgegenwart, sich hinzusetzen und ihre Prioritäten aufzuschreiben. Sie schrieb: „Zuerst muss ich Arbeit finden, dann eine Wohnmöglichkeit. Als drittes muss ich in dem Meditationszentrum mit meinen Meditationen fortfahren und schließlich muss ich etwas lernen und arbeiten, was mir Freude macht." Sie bekam schnell Arbeit und eine Wohnung. Im Laufe des nächsten Jahres fand sie auch genügend Zeit für ihre Meditationen und hatte die finanziellen Mittel, um „Shiatsu" zu lernen, eine Körperarbeit, die es ihr angetan hatte. Noch muss sie sich anstrengen, um ihren Lebensunterhalt mit Shiatsu zu verdienen, aber sie lässt sich von den Schwierigkeiten nicht unterkriegen.

Es ist erstaunlich, wie die Existenz uns unterstützt, wenn wir erst einmal einen Schritt in Richtung vertikal leben getan haben. Unsere Ängste werden sagen, es sei nicht möglich, unseren Herzenswünschen zu folgen, und wenn wir auf die Ängste hören, ist es tatsächlich unmöglich.

> Vor vielen Jahren absolvierte ich (Krish) eine Reihe von „Human Potential Trainings" bei einer Organisation, die sich „LifeSpring" nannte. Eine Aussage, die einer der Therapeuten einer Gruppe machte, hat mich viele Jahre begleitet: „Wenn wir uns auf die Seite unserer Begrenzungen stellen, dann werden sie tatsächlich zu unseren Begrenzungen werden."

Wenn wir horizontal leben, dann blockiert unsere Angst den natürlichen Fluss der Lebensenergie. Wenn wir vertikal leben, sind wir bereit, durch unsere Ängste hindurchzugehen, die Risiken zu übernehmen, nach denen unsere Energie verlangt und wir fangen an unserer Intuition zu vertrauen.

Wenn wir vertikal leben, heißen wir alle Gefühle willkommen, seien sie angenehm oder schmerzhaft, und öffnen uns ihnen als einem Geschenk der Existenz. Wir hören auf, endlos hinter Vergnügungen herzulaufen, und wir hören auf, Schmerz zu vermeiden. Vertikal leben heißt: voller Vertrauen leben. Horizontal leben heißt: in Misstrauen leben.

Sich für Tiefe entscheiden

Grundsätzlich ist es die Einsicht in und eine Leidenschaft für die Wahrheit, die es uns erlauben, vertikal zu leben, statt horizontal. Dennoch können wir auch einige praktische Schritte in unserem Leben tun, die diesen Prozess unterstützen. Wenn man „vertikal" leben will, muss man bereit sein, Risiken einzugehen. Eines dieser Risiken ist der Mut, sich von der Familie, in die man geboren wurde, zu lösen.

Diesem Thema haben wir viel Aufmerksamkeit gewidmet, weil wir erkannt haben, dass dies lebenswichtig für unser Wachstum ist. Solange wir an die Menschen, die uns erzogen haben, gebunden bleiben, ohne uns um eine Loslösung zu bemühen, übernehmen wir unbewusst deren unterschwellige Angst und Negativität.

Die meisten von uns stammen aus einer Umgebung, wo horizontal gelebt wurde, und wenn wir uns nicht davon lösen, wird diese angstorientierte Mentalität uns das ganze Leben lang bremsen. Und was noch wichtiger ist: Wenn wir an unsere Ursprungsfamilie gebunden bleiben, behalten wir die auf Scham begründete Identität unserer Kindheit. Wir fühlen uns unwürdig und ungeliebt. Auf einer solchen Grundlage kann man nur sehr schwer zur Reife gelangen und die eigene Wahrheit und Intelligenz finden. Ein anderer wichtiger Aspekt des vertikalen Lebens liegt darin zu lernen, Grenzen zu setzen – ein Thema, dass wir ebenfalls schon besprochen haben.

> Vor einigen Jahren fuhr ich (Amana) nach Dänemark, um meine Familie zu besuchen. Zum Abendessen gingen wir in ein Restaurant. Meine Mutter war

nervös, denn sie ist eine bekannte Geschäftsfrau in der Stadt und wollte einen guten Eindruck mit uns machen, besonders weil der Besitzer zu ihren Kunden gehörte. Als ich vor dem Essen einen Tee bestellte, nahm meine Mutter Anstoß daran, weil, wie sie sagte: „man in Dänemark vor dem Essen keinen Tee trinkt. Benimm dich. Trinke ein Bier oder ein Glas Wein." Das war meine alte Konditionierung, die mir hier wieder ins Gesicht schlug. „Tue nur ja nichts Ungewöhnliches und Unnormales." Aber dieses Mal hatte ich die Stärke und den Mut, meiner Mutter ein für alle Mal Grenzen zu setzen. Ich erklärte ihr, dass ich meinen Tee trinken würde, andernfalls würde ich gehen und nicht mehr wiederkommen. Sie habe kein Recht, mir zu sagen, was ich zu tun oder zu lassen habe, kein Recht mehr, sich in mein Leben und meine Entscheidungen einzumischen. Ich spürte in diesem Augenblick eine enorme Wut in mir und war gleichzeitig bereit, die Verantwortung für die Konsequenzen zu übernehmen. Wenn sie sich derart einmischte, konnte ich sie nicht mehr besuchen. Es geschah etwas ganz Erstaunliches. Sie nahm sich zurück, entschuldigte sich und erklärte, was für sie in dem Augenblick geschehen war. Sie sprach über ihre Angst, sich von anderen Leuten abzuheben. Als ich ihr zuhörte, schmolz etwas in mir; wir begegneten uns und seit jenem Tag verbindet uns eine tiefe und enge Freundschaft.

Vertikal leben kann auch bedeuten, dass wir emotionale und spirituelle Denkanstöße oder Ratschläge suchen. Denn wie leicht bleiben wir in Routine und Zuständen schwacher Energie oder in den Sachzwängen des Lebens stecken und lassen zu, dass unser Verstand und unsere Überzeugungen erstarren!

Das Leben präsentiert uns ständig Herausforderungen, um in die Tiefe zu gehen

Wir werden ständig damit konfrontiert, zu entscheiden, ob wir vertikal leben oder horizontal leben wollen. Manchmal stehen größere Veränderungen an, wie eine Beziehung zu beenden, die nicht mehr lebendig ist, oder eine Arbeit aufzugeben, die nicht mehr zu uns passt, und eine neue zu finden, selbst wenn sie weniger finanzielle Sicherheit bietet. Manchmal äußern sich die Herausforderungen, vertikal zu leben, auch in weniger gravierenden Situationen und fordern uns einfach auf zu mehr Ehrlichkeit und Offenheit.

> Ich (Krish) habe einen sehr guten Freund. Wir kennen uns seit über zwanzig Jahren, haben denselben spirituellen Meister und haben beide viele Jahre in dessen Kommune gelebt. Jetzt wohnen wir beide in Sedona. Vor einigen Jahren tat sich in unserem Verhältnis ein tiefer Spalt auf. Wir gehörten derselben Meditationsgemeinschaft an, doch eines Tages hatte ich eine Meinungsverschiedenheit mit den Leitern der Gemeinschaft und trat aus. Zu diesem Bruch war es nach einem Meeting gekommen, auf dem ich mich betrogen und respektlos behandelt gefühlt hatte.
> Mein Freund, der anwesend war, schwieg sich während der Diskussion aus. Ich fühlte mich verletzt, weil er nicht für mich eingetreten war. Zuerst war mir nicht bewusst, wie verletzt ich war, ich merkte nur, dass ich mich von ihm zurückzog. Ich verurteilte ihn, weil er so ein Waschlappen gewesen war und nicht den Mut gehabt hatte, für mich aufzustehen, und weil er weiterhin der Organisation angehörte, in der mir die Integrität fehlte. Ich behielt mein Urteil für mich, doch er kannte meine Gefühle. Eines Tages entschloss ich mich reinen Tisch zu machen. Wir setzten uns zusammen und ich erlaubte meiner Kritik, meinem Ärger, meiner Enttäuschung und meiner Verletztheit sich Luft zu machen. Dann war er an der Reihe. Wir schrieen uns an und wir weinten. Ich spürte die Verletztheit und den Verrat, weil er mich bei dem Treffen nicht unterstützt und meinen Schmerz nicht verstanden hatte. Ich sagte ihm, dass ich ihm als Freund nicht mehr vertrauen könne, weil ich erwartet hätte, dass er für mich eintreten würde oder wenigstens verstanden hätte, wie schmerzhaft die Situation für mich war. Doch das Wichtigste an dieser Begegnung war die Einsicht, dass diese Erfahrung eine tiefe Wunde des Verrats aufgedeckt hatte und mein Freund lediglich ein Katalysator für diesen Schmerz war. Eine meiner tiefsten Wunden war immer gewesen, nicht unterstützt zu werden. Ich war verletzt,

weil ich das Gefühl hatte, durch die Trennung von dieser Gemeinschaft einen meiner ältesten und besten Freunde verloren zu haben. Unter dem Ärger und der Distanz lag einfach Schmerz. In den Wochen nach unserer leidenschaftlichen und ehrlichen Auseinandersetzung merkte ich, dass sich meine Beziehung zu ihm veränderte. Mein Herz öffnete sich wieder. Meine Vorwürfe verschwanden und dass er der Gemeinschaft angehörte, stand meiner tiefen Zuneigung zu ihm nicht mehr im Wege.

Unsere Gefühle von Verrat verarbeiten

Wir haben festgestellt, dass ein Leben, das geprägt ist von Tiefe, voraussetzt, derartige Erfahrungen von Verrat in unserem täglichen Leben verarbeiten zu können. Wir haben mit vielen verschiedenen Methoden gearbeitet. Die einfachste besteht unserer Meinung nach aus den Schritten, die wir im Folgenden darstellen. Wir möchten hier erwähnen, dass wir von zwei engen Freunden inspiriert wurden, Dr. Rich Schonberg und Jeanne Measley, beide Therapeuten in Sedona, USA, die einen Prozess entwickelt haben, den sie „The Emotional Journey" nennen.

1. Schritt: Die Resignation überwinden

Wenn wir verletzt sind, besteht unsere Reaktion normalerweise darin, dass wir verbittert reagieren, resignieren oder so tun, als hätte es uns nichts ausgemacht. Geben wir diesen gewohnheitsmäßigen Reaktionen nach, dann bremst das unsere Lebensenergie und unser Misstrauen wird zur Gewohnheit. Damit bleibt unser Leben horizontal.

Wenn wir uns ändern und vertikal leben wollen, müssen wir unsere automatischen Verhaltensmuster genau unter die Lupe nehmen: Wie wir versuchen, „Harmonie" zu bewahren, den anderen in Schutz nehmen und so Auseinandersetzung vermeiden. Höchstwahrscheinlich haben wir genau dieses Verhalten als Kind gelernt. Der offene und ehrliche Umgang mit Gefühlen wurde durch Höflichkeit und Oberflächlichkeit ersetzt und manchmal machen wir es heute noch genauso. Diese Gewohnheiten abzulegen verlangt Bewusstheit und Risikoereitschaft.

Am Anfang unseres Weges der Selbsterforschung ist uns vielleicht nicht bewusst, wie sehr wir den Menschen gegenüber, die uns nahe stehen, resigniert haben. Um das zu erkennen, müssen wir uns selbst immer wieder ehrlich betrachten. Dann können wir beobachten, wie unsere Lebensenergie abnimmt, wenn wir Schmerz und Enttäuschung nicht ausdrücken. Wir können beobachten, wie wir uns von der Person zurückziehen, die uns verletzt hat, vielleicht sogar den Kontakt ganz abbrechen. Wir können beobachten, wie wir den anderen verurteilen oder unsere Freundschaft oder Liebe zu ihm abtun. In einer Liebesbeziehung kann unsere sexuelle Energie nachlassen oder ganz verschwinden. Wir können fühlen, wie unser Vertrauen verletzt ist. Auf diese Art und Weise können wir Licht in den Schmerz bringen, den wir im Herzen tragen.

2. Schritt: „Es macht mir etwas aus!"

Wir selbst und andere sind es uns wert, dass wir unsere Verletztheit spüren und sie zum Ausdruck bringen. Leidenschaftlich zu leben und zum natürlichen Fluss unserer Lebensenergie zurückzukehren bedeutet, dass wir die Gewohnheiten, die unseren Beziehungen nicht dienlichen sind und die wir als Kind gelernt haben, verändern.

Wenn wir nämlich einer Beziehung den Wert zumessen, den sie tatsächlich für uns hat, dann fällt es uns schwerer, den Kontakt abzubrechen. Und wenn wir unsere eigenen Gefühle und unseren Wert wichtig genug nehmen, dann nehmen wir auch unsere Verletztheit wichtig genug, um sie zu spüren und ihr Ausdruck zu geben. Das Leben ist kurz und die Zeit ist kostbar. Wenn wir zulassen, dass unsere Verletzungen unbearbeitet bleiben, wenn wir uns nicht genügend um uns selbst und unsere Beziehungen kümmern, sind wir eines Tages vielleicht völlig isoliert und allein und bereuen, dass wir die Dinge nicht ausgesprochen haben, als die Gelegenheit dazu da war. Einer Verletzung Bedeutung zu geben heißt meistens, eine Empfindung zuzulassen, die unangenehm ist. Einer der Gründe, warum wir uns verschließen und unsere Verletztheit nicht zeigen, ist, dass wir sie nicht fühlen wollen oder uns vor den Konsequenzen fürchten. Manchmal lässt unser Stolz nicht zu, dass wir die Verletztheit empfinden. Es mag leichter sein, so zu tun, als wäre uns der betreffende Mensch egal, als zuzugeben, dass er uns so wichtig ist, dass er uns verletzen kann. Manchmal verschließen wir uns auch jemandem, weil wir nicht spüren wollen, wie wir ihn verletzt haben. Es könnte bedeuten, eine Seite von uns zu sehen, die wir nicht gerne sehen.

Zuzugeben, dass es uns etwas ausmacht heißt oft, dass wir zuerst unseren Urteilen und unserem Ärger Luft machen und uns sogar erlauben müssen, jemandem die Schuld zu geben. Dadurch wird die Energie freigesetzt, mit der wir später an Schmerz und Verletzlichkeit herankommen. Es ist nicht leicht, jemandem einzugestehen, was wir an ihm auszusetzen haben. Wir fürchten, ihn zu verletzen, doch meistens hat der andere unsere Kritik längst gespürt. Auch dem anderen Schuld zu geben mag uns schwer fallen, aber oft ist es der einzige Weg, um unsere Energie aus der Resignation aufzurütteln. Natürlich können wir nicht wachsen, wenn wir bei der Schuldzuweisung bleiben – das wäre reines Gift. Aber wenn wir grundsätzlich bereit sind, darüber hinauszugehen und unseren Schmerz und unsere Verletzlichkeit zu spüren, können Schuldzuweisung und das Ausdrücken von Wut und Frustration ein sehr kreativer Anfang sein.

Viele von uns fürchten sich davor, ihre Wut auszudrücken. Kann der andere mit unserer Wut umgehen? Können wir selbst mit unserer Wut umgehen? Können wir akzeptieren, dass wir wütend sind? Wut ist Energie, und wenn wir wütend sind, ist das oft ein Zeichen, dass uns etwas an dem andern liegt. Wenn wir zulassen, unsere Wut mit Leidenschaft zu fühlen und zu zeigen, dann macht sie den Zugang zu unserer Verletzbarkeit und unserer Wunde frei. Mit dieser Energie haben wir dem anderen ein großes Geschenk gemacht. Emotional sind wir alle verschieden.

Einige von uns haben keinen Kontakt zu ihrer Wut. Alles, was wir demjenigen gegenüber empfinden, der unsere Wunde des Verrats provoziert hat, sind Schock und Erstarrung. Aber unserer Erfahrung nach ist es genauso wertvoll, den Schockzustand zu fühlen wie die Wut. Das allein genügt schon, um Heilung in Gang zu setzen. Manchmal kommt die Wut, die unter dem Schock liegt, dann von selbst zum Vorschein. Manchmal kommen wir durch das Schockgefühl unmittelbar mit der Verletzung und unserer Verletzbarkeit in Verbindung. In diesem Prozess geht es nicht darum, etwas zu produzieren, was nicht vorhanden ist, sondern sich zu erlauben, genau das anzunehmen, zu fühlen und auszudrücken, was da ist.

Es ist nicht immer möglich oder angemessen, die starken Gefühle mit demjenigen zu teilen, der die Wunde des Verrats ausgelöst hat. Vielleicht ist er schon tot, unerreichbar oder nicht bereit uns zuzuhören, oder wir selbst sind zu ängstlich oder zu schüchtern, um auf ihn zuzugehen. Wir können dennoch aus der Resignation hervorkommen, und unsere Leidenschaft und Verletztheit in Abwesenheit des anderen in einer sicheren und neutralen Umgebung spüren – vielleicht mit einem Freund oder einem Therapeuten. Das Wichtige an diesem Schritt ist, dass wir selbst diese Energie spüren und ausdrücken. Wir tun das nicht, um den andern in irgendeiner Weise zu verändern. Der andere ist nur ein Spiegel, der uns etwas in uns gezeigt hat, das ans Tageslicht kommen musste, damit es heilen kann.

Schritt 3: Unsere Verletzbarkeit fühlen

In dieser Phase lösen wir die Energie und die Aufmerksamkeit von der anderen Person ab und bringen sie zu uns selbst zurück.

Dies ist der wichtigste Schritt. Doch um zu unserer Wunde vorzudringen und hinter den Urteilen, der Wut und Schuldzuweisung unsere eigentliche Verletzung und den Schmerz zu spüren, braucht es Energie und Fürsorge.

Die ersten zwei Schritte sind also eine notwendige Voraussetzung. Wenn wir beginnen den Schmerz zu spüren, steht die andere Person nicht mehr im Zentrum unserer Aufmerksamkeit. Wir sind kein Opfer mehr. Es geht um unseren eigenen Schmerz, und den gibt es schon lange. Die andere Person ist lediglich der Auslöser. Während dieser Phase wird uns gewöhnlich bewusst, dass die Erfahrung des Verrats uns an eine frühere Zeit erinnert, wo wir uns ähnlich verraten gefühlt haben. Indem wir eine tiefe Verbindung mit dem ursprünglichen Verrat herstellen, wird eine Menge Energie freigesetzt, die uns dann in der Gegenwart zur Verfügung steht. Es ist nicht so, dass wir zur Vergangenheit zurückkehren müssen, um das Trauma und den Schmerz noch einmal zu erleben. Die auslösenden Momente hier und jetzt eröffnen uns die Chance, die Energie freizusetzen, die in der Vergangenheit eingeschlossen wurde.

Indem wir diese Brücke schlagen, haben wir die Möglichkeit, Verantwortung für unser Leben zu übernehmen, und verstehen, dass wir, von einem höheren Standpunkt aus betrachtet, die Entfaltung einer Geschichte leben und beobachten.

Diese Geschichte hat angefangen mit unseren ursprünglichen Traumata. Sie setzt sich fort in der Wiederaufführung dieser Traumata und endet damit, dass wir die tiefen Gefühle von Schmerz und Angst zulassen, unsere Verwundung akzeptieren, das Trauma mit Liebe und Mitgefühl annehmen und damit auch unser Menschsein verstehen und annehmen.

Es ist die Geschichte unserer Heimkehr zu uns selbst.

15. Kapitel

Integration:
Menschlich werden – ein allmählicher Prozess

INTEGRATION IST VERBUNDEN MIT EINEM TIEFEN ANNEHMEN UNSERES SELBST mitsamt unseren Unzulänglichkeiten und Unvollkommenheiten sowie einem Annehmen all dessen, was uns in der Vergangenheit Schmerz und Angst zugefügt hat. Auch dass wir selbst, in unserer Unbewusstheit, anderen Menschen Schmerz zugefügt haben, muss gesehen und angenommen werden.

Integration bedeutet nicht, dass wir aufhören zu wachsen – Wachsen werden wir bis zum letzten Augenblick unseres Lebens. Doch es bedeutet, dass wir aufhören danach zu streben, ein Ziel zu erreichen, etwas zu verändern, zu verbessern oder einen höheren Bewusstseinszustand zu erreichen. Wenn wir einmal akzeptiert haben, wer wir sind, dann werden wir menschlicher; wir werden zugänglicher, entspannter und weicher.

In einem unserer Workshops benutzen wir eine Struktur, die Aufschluss darüber gibt, was eine Person für das andere Geschlecht attraktiv macht. Wir benutzen diese Struktur seit vielen Jahren und haben dabei etwas Interessantes entdeckt: Paradoxerweise hat das, was eine Person anziehend macht, nichts mit ihrer körperlichen Schönheit oder ihrem Image zu tun. Ihre Anziehungskraft hängt davon ab, wie entspannt sie in sich selbst ruht, wie sehr sie bereit ist, mit dem zu sein, was geschieht, und dass sie ihre Unsicherheit oder Angst nicht zu überspielen sucht. Und es ist entscheidend, wie sehr diese Person ihren Körper so annimmt, wie er ist.

Am Anfang meiner (Krish) Reise hin zum Erwachen war ich darauf versessen, das Ziel zu erreichen: mein Bewusstsein zu verändern, vom Ego befreit und ein vollkommen erwachtes Wesen zu werden. Ich erwartete – und erlebte tatsächlich – dramatische Veränderungen in Bezug auf mein Selbstgefühl, meine Lebensenergie und meine Fähigkeit zu fühlen und offen zu sein.

Doch im Laufe der Zeit nahm die Dramatik der Veränderungen ab. Ich merkte, dass weder mein Ego und meine Abwehrmechanismen sich so schnell auflösten, wie ich gehofft hatte, noch meine Ängsten und Unsicherheiten. Ich musste die Tatsache akzeptieren, dass Veränderungen oft entmutigend langsam vonstatten gehen. Sich zu öffnen und Vertrauen zu entwickeln scheint in vielen Mini-Schritten zu geschehen und braucht außerordentlich lange; oft fehlen fühlbare Resultate oder es gibt Rückschläge. Ich musste zunächst Frieden schließen mit diesen Seiten von mir, die ich nicht mochte.

Lernen, ohne Erwartungen zu leben

Auf unserer Reise kann es jederzeit passieren, dass wir die Veränderungen in unserem Leben nicht wirklich begrüßen, weil wir zu sehr mit uns selbst identifiziert sind und nicht genügend Abstand haben, um die Dinge klar zu sehen. Und wenn es Rückschläge gibt oder das Misstrauen die Oberhand gewinnt, dann reagiert unser innerer Richter hart und kritisch, weil unsere Ansprüche an uns selbst oft sehr hoch sind.

Wenn wir von Scham überwältigt oder zurückgewiesen werden, wenn wir einen Verlust erleiden oder Verhaltensweisen an uns entdecken, die wir nicht mögen – z. B. Unsicherheit, Wut, Traurigkeit oder Langeweile – dann bekommen wir leicht das Gefühl, als hätte sich noch gar nichts verändert.

Es mag uns vorkommen, als seien wir immer noch genauso negativ, wütend, frustriert, nutzlos, kollabiert oder gestört wie eh und je.

Zwei langjährige Klientinnen schrieben uns, wie schmerzhaft und hoffnungslos sie ihre Situation empfinden. Jede von ihnen hatte eine vielversprechende Liebesbeziehung angefangen, doch dann hatten ihre Partner sie verlassen und waren zu ihren früheren Frauen zurückgekehrt. Die beiden Frauen hatten intensiv an sich gearbeitet, ihre Verhaltensmuster erforscht und ihren Schmerz gefühlt bis auch die allerletzte Träne geweint war. Sie konnten einfach nicht verstehen, warum sich nichts geändert hatte. Und dennoch passierte wieder genau dieselbe alte Geschichte: Ein Mann, dem sie vertraut und für den sie sich geöffnet hatten, hatte sie zurückgewiesen. Sie fragten uns, was sie bloß machen sollten. Gibt es noch mehr innere Arbeit zu tun? Wann hört das je auf? Wann kommt die Liebe endlich? Haben sie etwas falsch gemacht? Ist mit ihnen etwas nicht in Ordnung, weil sich das alte Muster ständig wiederholt? Was müssen sie denn noch alles lernen?

Einer der Fehler, den viele von uns machen, ist, dass wir meinen, wenn wir intensiv an uns arbeiten, unseren Schmerz fühlen und durch den Kummer hindurchgehen, werden wir mit einer wunderbaren Liebesgeschichte belohnt. Wenn wir mit einer bestimmten Hoffnung und Erwartung an die innere Arbeit herangehen, leben wir immer noch auf der horizontalen Ebene. Dann wartet unser regrediertes Kind auf die Belohnung und ist enttäuscht, wenn seine Wünsche nicht erfüllt werden. Aber so funktioniert das Leben nicht.

Es gibt keine Garantie, dass die Liebe jetzt, wo wir uns genügend vorbereitet haben, kommt und ihren Segen über uns ausschüttet. Alles, was wir tun können, ist einfach offen zu sein für das, was das Leben uns zeigen, geben und lehren will. Alles, was wir tun können, ist aufhören zu kämpfen und die Schönheit dessen zu genießen, was ist – unsere Vorstellungen, wie die Dinge sein sollten, loslassen und das Leben mit all seinen Schmerzen und Freuden annehmen.

Meist sind die Veränderungen minimal, die sich in unserem Bewusstsein, in unserer Beziehungsfähigkeit und unserer Selbstachtung vollziehen. Wenn wir auf ein bestimmtes Ziel fixiert sind, entgehen sie uns und wir verlieren den Mut. Deshalb ist es so wichtig, dass wir kleine Veränderungen in unserem Leben bewusst wahrnehmen. Ebenso wichtig ist es aber, zu akzeptieren, dass wir zurückfallen und uns manchmal so fühlen, wie wir es aus der Vergangenheit kennen.

Unsere Schattenseiten annehmen
Womöglich fällt es uns leichter unsere Verletztheit anzunehmen, als die Schattenseite unserer Persönlichkeit, also Negativität, Unehrlichkeit, Boshaftigkeit, Wut, Rachsucht, Konkurrenzdenken und unsere Abwehrmechanismen, all das, was wir nicht mögen. Es hilft, wenn wir verstehen, dass dies keine grundlegenden Charaktermängel sind, sondern einfach Folgeerscheinungen unseres tiefen Misstrauens den Menschen und dem Leben gegenüber. Diese Verhaltens- und Denkweisen sind Überlebensmechanismen, geboren aus der Panik und der Verletztheit, die sich über einen langen Zeitraum in uns aufgestaut haben. Über die Jahre sind wir zu der Überzeugung gelangt, dass dies der einzige Weg war, um zu überleben und wenn wir jetzt unser Überleben bedroht sehen, dann greifen wir auf solche Strategien zurück.

Wenn unsere Wunde des Verrats berührt wird, dann geht es für das innere Kind um Leben und Tod. Es ist schwer, die Schattenseite nicht zu verurteilen. Doch sobald wir etwas verurteilen, sind wir nicht mehr offen, einfach damit zu sein.

Ich (Krish) habe eine sehr tyrannische und selbstsüchtige Seite. Ich mag sie nicht, aber sie ist da. Alle männlichen Mitglieder meiner Familie hatten diese Eigenschaften und auch ich habe sie. Es ist eine Sache, diese Energie als Teilnehmer einer Therapiesitzung oder einer Gruppe in einem sicheren Unfeld hochkommen zu lassen, aber es ist eine ganz andere Sache, wenn das in meinem Alltag geschieht. Dann sind diese Verhaltensweisen und Gefühle viel schwieriger zu akzeptieren, weil ich sehen kann, wie verletzend und schmerzhaft sie für andere sind. Ich kann mir nicht vorstellen, wie mich jemand lieben kann, wenn ich diese Seite von mir zeige, die sich furchtbar unreif anfühlt. Aber wenn ich sie unterdrücke oder so tue als gäbe es sie nicht, macht sie sich indirekt Luft. Dann werde ich auf sie aufmerksam, weil ich anfange, launisch und gereizt zu sein und andere ständig zu kritisieren und zu beschuldigen. Ich lerne dieses Verhalten zu akzeptieren, indem ich erkenne, wo es herkommt und den darunter liegenden Schmerz zu fühlen - falls ich daran denke. Für viele von uns ist es ein ständiger Prozess, sich mit der primitiven Wut in uns anzufreunden.

Lieben statt recht behalten wollen

In mancher Hinsicht weisen unsere Beziehungen am deutlichsten auf unseren persönlichen Grad an Reife und Vertrauensfähigkeit hin und sind der Lebensbereich, wo wir am meisten Übung bekommen. Im Bereich von Arbeit und Kreativität kann man den Mangel an Integration leichter hinter einem glänzenden Talent oder ehrgeizigem Vorwärtsstreben verbergen. Gerade wenn wir sehr leistungsorientiert sind, passiert es oft, dass wir zwar Hervorragendes erreichen, aber nicht bemerken, wie wenig integriert wir in den tieferen Schichten unseres Wesens sind.

Wir können wohlhabend, einflussreich und überaus erfolgreich sein und gleichzeitig verarmt, einsam und unerfüllt in unserer Fähigkeit, anderen Menschen nahe zu sein. In unserer Arbeit und in weniger engen Beziehungen können wir in alten Identitäten, Verteidigungsmechanismen und Verhaltensmustern verharren, ohne dass dies allzu große Probleme macht. Wenn unsere Priorität Arbeit und Leistung sind, können Offenheit und zwischenmenschliche Beziehungen ins Abseits geraten und tun es auch oft. Doch in unserem Liebesleben können wir einfach nicht in alten Gewohnheiten stecken bleiben und gleichzeitig erwarten, dass Liebe, Vertrauen und Erfüllung fortdauern. Tun wir es dennoch, dann wird die Liebe, die einmal da war, sterben. Nichts im Leben ist statisch – Lebensenergie ist ständig in Bewegung. Wenn Liebe und Nähe sich nicht vertiefen und wachsen, dann bedeutet das, dass sie seichter werden und verkümmern. Es erfordert unseren engagierten Einsatz, um bewusst wieder tiefere Schichten der Verletzlichkeit in uns zu öffnen.

> Ich (Amana) merke, dass ich leicht in einen Zustand gerate, in dem ich mich nur noch um meine eigenen Angelegenheiten kümmere, aber es gibt dann keine tiefere Verbindung zu Krish oder irgendjemand anderem mehr, obwohl ich mich wohl fühle. Dieser Zustand ist gut entwickelt und gleichzeitig ist er ein Versteck für mich. Ich musste dieses Versteck schon früh in meinem Leben finden, weil es niemanden gab, mit dem ich mich gefühlsmäßig verbinden konnte. Um aus meinem inneren Zufluchtsort herauszutreten und Kontakt aufzunehmen, muss ich eine bewusste Anstrengung machen. Und es fällt mir unglaublich schwer, mich dann zu öffnen und mitzuteilen. Mein inneres Kind prüft immer, ob es in seiner Verletzlichkeit bei dem anderen auch wirklich sicher ist.

> Integration zeigt sich in unseren Beziehungen dadurch, dass die Liebe für uns einen höheren Stellenwert hat, als das Bedürfnis, recht zu haben oder die Kontrolle zu behalten. Sie zeigt sich darin, dass wir Verantwortung übernehmen und nach innen schauen, anstatt automatisch dem anderen die Schuld zu geben.

Mit zunehmender Reife ist es uns möglich, uns für die Liebe zu entscheiden statt für einen Streit, denn wir wissen nur zu gut, wo uns bestimmte Verhaltensweisen hinführen und sind das alte Spiel leid. Vor allem hören wir auf, damit zu rechnen, dass andere unsere Leere füllen. Wir können besser allein sein und können uns auch dann mit uns selbst wohlfühlen, wenn der andere nicht für uns da ist oder uns frustriert hat.

Integration bringt die Fähigkeit mit sich, Frustration auszuhalten. Wenn wir Frustration und Schmerz aushalten lernen, ist es nicht mehr nötig, jeden kleinsten Vorfall mit dem anderen durchzuarbeiten. Das Bearbeiten und Kommunizieren von Kränkung ist wichtig und sicherlich besser als Unterdrückung und Rückzug in kühles Ressentiment. Doch je mehr Abstand wir einnehmen können, desto eher können wir etwas loslassen, auf das wir in der Vergangenheit vielleicht reagieren mussten. Das hat nichts mit Unterdrückung zu tun. Es ist wichtig, diesen Unterschied zu machen und beides nicht zu verwechseln.

Unser regrediertes Kind wird wahrscheinlich immer defensiv sein und überreagieren. Doch allmählich nimmt unsere Fähigkeit zu, unseren Schmerz und unsere Reaktionen mit Distanz zu betrachten und zu verstehen, woher sie kommen. Mit der Zeit scheinen wir immer öfter die Wahl zu haben, entweder auf die alte Art zu reagieren, wenn unsere Knöpfe gedrückt werden, oder auf eine neue Weise bei uns zu bleiben.

Wenn der innere Raum weiter wird, können wir beschließen, die unbehaglichen Gefühle auszuhalten, anstatt blind zu reagieren. Früher haben wir vielleicht anderen die Schuld gegeben, uns verschlossen und isoliert, uns im Stillen verletzt gefühlt, ohne es zu zeigen und so weiter. Aber mit der Zeit erkennen wir, dass diese alten Wege wie dunkle Straßen sind, die wir schon unzählige Male gegangen sind und die uns nur in noch tiefere Isolation, Verletzung oder in die Eskalation unserer Konflikte führen.

Deshalb wächst unsere Motivation, neue Wege auszuprobieren, um mit Kränkung und Gereiztheit umzugehen. Das Alte verschwindet nicht so leicht, doch mit zunehmender Integration entscheiden wir uns immer öfter für das Neue. In uns wächst Dankbarkeit für die Erfüllung, die wir daraus gewinnen.

Emotional einen guten Stand finden, um sich dem Abgrund zu stellen

Es gibt da die Geschichte von dem Mann, der von einer Klippe stürzt. Im Fallen kann er sich an einem Ast festklammern und hängt nun zwischen Leben und Tod über dem Abgrund.

Er schaut zum Himmel empor und ruft:

„Ist da oben jemand, der mir helfen kann?"

Vom Himmel dröhnt eine Stimme: „Lass los!"

Der Mann überlegt einen Augenblick und ruft:

„Ist sonst noch jemand da oben?"

Jahrelang hat unser spiritueller Meister zu uns darüber gesprochen, wie wir lernen können, uns der Leere zu stellen. Er sprach davon und zeigte uns mit Hilfe von Meditationen, dass wir im Grunde nackt sind und unser ganzer Besitz, unsere Lieben, unsere Identität und unsere Taten darüber hinwegtäuschen können. Wie wir es auch anstellen, wir können die Begegnung mit der Leere nicht vermeiden und alles, woraus wir ein Gefühl von Sinn beziehen, muss von uns abfallen, weil es im Grunde ohne Substanz ist. Diese Worte zu hören und sie in tiefer Meditation sogar zu verstehen, ist eine Sache, aber es ist eine ganz andere, sie ins tägliche Leben zu integrieren. Normalerweise finden wir uns auf Karriere, Kinder, Besitz, Leistung und ein gewisses Gefühl der Identität, die unser Leben mit Sinn erfüllt.

So lange wir noch mit diesen Dingen beschäftigt sind und so lange diese Identität uns sinnvoll erscheint, können wir die

Begegnung mit unserer Leere vermeiden. Oft werden wir erst durch einen schweren Verlust oder eine Krankheit gezwungen, durch diese Schutzmauern, die wir vor der Leere errichtet haben, hindurchzuschauen. Doch irgendwo im Hintergrund unseres Bewusstseins gibt es ein Wissen um die Wahrheit der Leere, der wir ständig aus dem Weg gehen. Uns für das Gefühl der Leere zu öffnen, ist unser tiefster Vertrauenstest. Wie können wir es schaffen darauf zu vertrauen, dass die Leere uns nicht verschlingt, sondern uns für eine tiefere Weisheit öffnet?

> Je besser unser emotionales Fundament und unsere Stabilität sind, desto besser können wir der Leere begegnen.

Die emotionale Stärke, die wir brauchen, um unserer Leere zu begegnen, gewinnen wir aus der aufrichtigen Konfrontation mit unseren Ängsten und unserem verdrängten Schmerz. Je mehr wir das tun, desto besser können wir – langsam aber sicher – durch die Schleier der Illusion hindurchschauen. Unser regrediertes Kind will und kann sie nicht sehen oder fühlen. Doch irgendwo im Innern wissen wir, dass die Identitäten unseres Egos nichts als Sandburgen sind.

Wir hatten eine Sitzung mit einem Paar. Die Frau war Alkoholikerin und als Kind sexuell missbraucht worden. Sie sagte, sie trinke, weil sie eine tiefe Leere im Innern verspüre und es helfe ihr, mit der Gewalttätigkeit und der Leere in der Welt und unter den Menschen fertig zu werden.

Wenn wir das Leben durch die Augen unseres traumatisierten Kindes sehen, scheint das Gefühl der inneren Leere ein nicht endender Albtraum zu sein. Wenn wir jedoch nach innen gehen, bereit unseren Schmerz und unsere Ängste zu spüren und zuzulassen, beginnen wir ganz natürlich mit unserer Stärke, dem Boden, auf dem wir stehen, und mit der Liebe zu uns selbst Verbindung aufzunehmen. Daraus entwickelt sich langsam ein inneres Gefühl der Stärke und der Verbundenheit. Sie stellen die Grundlage dar, die wir benötigen, um der Leere zu begegnen und durch die Leere mit echtem Vertrauen in Kontakt zu kommen – einem Vertrauen, das nicht von irgendetwas Äußeren abhängt, sondern in unserem Sein und unserer Verbindung mit der Existenz begründet ist.

NACHWORT

VOR EINIGER ZEIT FRAGTE UNS EINE FREUNDIN, OB WIR AN EINEM NEUEN BUCH arbeiteten. Wir erzählten ihr, dass wir dabei seien, ein Buch über Vertrauen und Misstrauen zu schreiben.

„Interessant", antwortete sie, „habt ihr Vertrauen?"

Das war ein bedeutsamer Moment – eine unschuldig gestellte Frage hatte uns unmittelbar mit dem Projekt konfrontiert, das wir uns vorgenommen hatten. In vollkommenem Vertrauen zu leben ist ein sehr hohes Ziel. Tatsächlich kann ich (Krish) mir kaum vorstellen, wie es wäre, wirklich im Vertrauen zu leben, das hieße: Keine Zweifel, keine Selbstkritik, keine Angst vor den Urteilen anderer – all das, womit ich mich auf Schritt und Tritt auseinandersetze! Der einzige Mensch, der nach meinem Eindruck wahrhaft im Vertrauen gelebt hat, war unser spiritueller Meister.

Schließlich antworteten wir unserer Freundin, dass wir alle wohl unser ganzes Leben damit verbringen würden, vertrauen zu lernen. Dies ist auch einer der Gründe, warum wir dieses Buch geschrieben haben: Wir wollten unseren eigenen Prozess unterstützen. Wir lernen ständig mehr darüber, was es bedeutet in Vertrauen zu leben.

Mit Menschen zu arbeiten, ist ein großes Privileg, denn es zwingt uns, immer wieder hinzuschauen, Fragen zu stellen und keine Anstrengung zu scheuen, mit uns selbst und anderen aufrichtig zu sein. Manchmal, wenn wir unterrichten, hören wir uns Dinge sagen und wundern uns: Wo um Himmels willen kommen die her? Und oft, wenn wir zu anderen sprechen, haben wir das Gefühl, als würden wir gleichzeitig zu uns selbst sprechen.

Ich habe ein Buch entdeckt, das mich tief berührt hat. Es heißt „Die Einladung" und wurde geschrieben von Oriah Mountain Dreamer. Zum Abschluss möchten wir mit euch den Anfang dieses Buches teilen, weil darin in vielerlei Hinsicht zusammengefasst ist, was wir in unserem Buch mitzuteilen versuchen.

Es interessiert mich nicht, womit du dein Geld verdienst.
Ich will wissen, wonach du dich sehnst, und ob du die
Erfüllung deines Herzenswunsches zu träumen wagst.
Es interessiert mich nicht, wie alt du bist.
Ich will wissen, ob du es riskierst, dich zum Narren zu machen,
auf deiner Suche nach Liebe,
nach deinem Traum, nach dem Abenteuer des Lebens.

Es interessiert mich nicht,
welche Planeten ein Quadrat zu deinem Mond bilden.
Ich will wissen, ob du deinem Leid auf den Grund gegangen bist,
und ob dich die Ungerechtigkeiten des Lebens geöffnet haben,
oder du dich klein machst und verschließt,
um dich vor neuen Verletzungen zu schützen.
Ich will wissen, ob du Schmerz – meinen und deinen eigenen –
ertragen kannst, ohne ihn zu verstecken,
zu bemänteln oder zu lindern.

Ich will wissen, ob du Freude – meine und deine eigene –
aushalten, dich hemmungslos dem Tanz hingeben
und jede Faser deines Körpers vor Ekstase erbeben lassen kannst,
ohne an Vorsicht und Vernunft zu appellieren
oder an die Begrenztheit des Menschseins zu denken.

Es interessiert mich nicht, ob das, was du mir erzählst, wahr ist.
Ich will wissen, ob du andere enttäuschen kannst,

um dir selbst treu zu bleiben;
ob du den Vorwurf des Verrats ertragen kannst,
um deine eigene Seele nicht zu verraten;
ob du treulos sein kannst, um vertrauenswürdig zu bleiben.
Ich will wissen, ob du die Schönheit des Alltäglichen
erkennen kannst, selbst wenn sie nicht immer angenehm ist
und ob ihrer Allgegenwärtigkeit die Quelle ist,
aus der du die Kraft zum Leben schöpfst.
Ich will wissen, ob du mit Unzulänglichkeit leben kannst –
meiner und deiner eigenen – und immer noch am Seeufer stehst
und der silbrigen Scheibe des Vollmondes
ein uneingeschränktes „Ja!" zurufst

Es interessiert mich nicht, wo du wohnst oder wie reich du bist.
Ich will wissen, ob du nach einer kummervoll durchwachten Nacht
zermürbt und müde bis auf die Knochen aufstehen kannst,
um das Notwendige zu tun, damit deine Kinder versorgt sind.

Es interessiert mich nicht,
wen du kennst oder wie du hierher gekommen bist.
Ich will wissen, ob du inmitten des Feuers bei mir ausharren wirst,
ohne zurückzuweichen.

Es interessiert mich nicht, wo oder was du mit wem studiert hast.
Ich will wissen, was dich von innen heraus trägt,
wenn alles andere wegbricht.

Ich will wissen, ob du mit dir selbst allein sein kannst
und ob du den, der dir in solch einsamen Momenten
deines Lebens Gesellschaft leistet, wirklich magst.

Aus: Oriah Mountain Dreamer, Die Einladung, Goldmann Verlag

Bibliografie

1. Almaas, A.H. Spacecruiser Inquiry - True Guidance for the Inner Journey, Shambala, 2002
2. Banks, Coleman tr. Birdsong, Fifty-three Short Poems by Rumi, Maypop 1993
3. Brown, Byron, Soul Without Shame - A Guide to Liberating Yourself from the Judge Within, Shambala, 1999
   Brown, Byron, Befreiung vom inneren Richter, Kamphausen Verlag, 2001
4. Chopra, Deepak, ed. The Love Poems of Rumi, Harmony Books, 1998
5. Deida, David It's a Guy's Thing - An Owner's Manual for Women, Health Communications, Inc, 1997
   Deida, David, Warum sind Männer so schwierig? Wie Frauen ihre Partner verstehen und mit ihnen besser leben können, Fischer, 1996
6. Firestone, Robert W. The Fantasy Bond - Structure of Psychological Defenses The Glenstone Association, 1987
7. Hellinger, Bert, Touching Love, Carl-Auer-System Publishing, 1997
8. Kohut, Heinz, Restoration of the Self, International Universities Press, 1977
   Kohut, Heinz, Die Heilung des Selbst, Suhrkamp Verlag, 1999
9. Lerner, Rokelle Living in the Comfort Zone - The Gift of Boundaries in Relationships, Health Communications, Inc., 1995
10. Levine, Stephen and Ondrea, Embracing the Beloved - Relationship as a Path of Awakening, Anchor Books, 1995
    Levine, Stephen and Ondrea, In Liebe umarmen, Kamphausen Verlag, 1995
11. Levine, Peter (with Ann Frederick) Waking the Tiger - Healing Trauma North Atlantic, Books 1997
    Levine, Peter (und Ann Frederick), Trauma-Heilung, Das Erwachen des Tigers, Synthesis Verlag, 2001
12. Long, Barry Making Love - Sexual Love the Divine Way Barry Long Books, 1998
    Long, Barry, Sexuelle Liebe auf göttliche Weise, Neue Erde Verlag, 2001

13. Mellody, Pia, Facing Love Addiction - Giving Yourself the Power to Change the Way You Love, HarperCollins Publishers, 1992
    Mellody, Pia, Wege aus der Co-Abhängigkeit, Kösel Verlag, 1992
14. Maitri, Sandra The Spiritual Dimension of the Enneagram - Nine Faces of the Soul, Tarcher/Putnam 2000
    Maitri, Sandra, Neun Porträts der Seele, Kamphausen Verlag, 2001
15. Miller, Alice, The Drama of the Gifted Child, The Search for the True Self, Basic Books, 1976
    Miller, Alice, Das Drama des begabten Kindes, Suhrkamp Verlag, 1997
16. Mountain Dreamer, Oriah, The Invitation, Harper Collins, San Francisco, 1997
    Mountain Dreamer, Oriah, Die Einladung, Goldmann Verlag, 2000
17. Myss, Caroline Sacred Contracts - Awakening Your Divine Potential, Bantam Books, 2001
18. Myss, Caroline Why People Don't Heal and How They Can, Harper Books, 1997
    Myss, Caroline, Mut zur Heilung, Knaur Verlag, 2000
19. Osho, Zarathustra, The God That Can Dance - Commentaries on Friedrich Nietzsche's Thus Spoke Zarathustra, Rebel Publishing, 1987
    Osho, Verliebt in das Leben, Neue Sichtweisen über Friedrich Nietzsches „Zarathustra, ein Gott der tanzen kann"
20. Osho Zarathustra, The Laughing Prophet - Commentaries on Friedrich Nietzsche's Thus Spoke Zarathustra, Rebel Publications, 1987
21. Pierrakos, Eva and Thesenga, Donovan, Fear No Evil, The Pathwork Method of Transforming The Lower Self, Pathworks Press 1993
    Pierrakos, Eva and Thesenga, Fürchte dich nicht vor dem Bösen, Synthesis Verlag, 2001
22. Subby, Robert, Lost in the Shuffle, The Co-Dependent Reality, Heal Communications, Inc. 1987
23. Wolinsky, Stephen Ph.D., The Way of the Human Volume II - The False Core and the False Self, Quantum Institute, 1999
    Wolinsky, Stephen, Der Weg des Menschlichen, Econ Verlag, 2001

Das neueste Buchprojekt der beiden ist die vierbändige Reihe
„Liebe lernen" - Eine Anleitung in vier Schritten

Band 1   Verletzlichkeit zulassen - Verlassenheitsängste heilen
Band 2   Scham und Schock heilen
Band 3   Leidenschaftlich leben - mit der Kraft der inneren Stille

Band 4   Deine Vision leben (noch kein Erscheinungstermin)

www.learningloveinstitute.com

SEMINARE ZUM BUCH

Learning Love
Leben und Lieben aus unserer Wahrheit heraus

mit Dr. Krishnananda Trobe & Amana Trobe

Seminartermine und weitere Infos unter: www.oshouta.de

Das Osho UTA Institut ist eines der größten Zentren für Spirituelle Therapie und Meditation in Europa. Es steht für Qualität, Offenheit und Innovationsfreude. Meditation, Bewusstheit und Gesundheit sind bei uns gelebte Erfahrung und nicht nur Schlagworte des aktuellen Wellness-Booms. Unser Programm umfasst ein weites Spektrum von Aus- und Weiterbildungen, Selbsterfahrungsseminaren und Workshops, die von international renommierten Therapeuten und Seminarleitern geleitet werden.

OSHO UTA INSTITUT, Venloer Str. 5-7, 50672 Köln
Tel. 0221/57407-0, kontakt@oshouta.de, www.oshouta.de

Mehr gute Bücher unter

www.innenwelt-verlag.de